DÉPOSITION

DANS

L'ENQUÊTE AGRICOLE

PAR

UN VIEUX CULTIVATEUR DE LA SOMME

1866.

PARIS

TYPOGRAPHIE DE HENRI PLON

IMPRIMEUR DE L'EMPEREUR

8, RUE GARANCIÈRE

1867

DÉPOSITION

DANS

L'ENQUÊTE AGRICOLE

DÉPOSITION

DANS

L'ENQUÊTE AGRICOLE

PAR

UN VIEUX CULTIVATEUR DE LA SOMME

1866

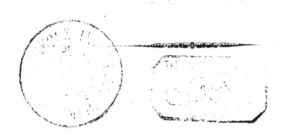

PARIS

TYPOGRAPHIE DE HENRI PLON

IMPRIMEUR DE L'EMPEREUR

RUE GARANCIÈRE, 8.

—

1867

PRÉFACE.

J'apporte tard mon contingent à l'enquête agricole. — Qui vous oblige à le faire et à répéter sans doute ce que d'autres ont déjà publié jusqu'à la satiété? Croyez-vous qu'il y ait encore de l'attention possible pour un tel sujet? — Si je viens seulement redire ce qui peut avoir été dit tant de fois, je prends en effet une peine bien inutile! Je n'ai certes pas la prétention d'être toujours nouveau; mais peut-être, dans les choses dont on s'est occupé, aurai-je des aperçus qui amèneront des conséquences autres que celles admises jusqu'ici; peut-être encore aurai-je eu des points de vue qui n'ont point été remarqués et qui permettront de mieux appré- cier la question débattue. Cette question n'est pas seulement agricole et économique, elle est encore, selon moi, politique et sociale. Je l'ai envisagée sous ces divers aspects sans parti pris,

1

sans passion, avec l'amour de la vérité et du bien public. C'est le résultat de mon examen que je viens offrir aujourd'hui ; cet examen, l'ai-je bien fait ? C'est à ceux qui me liront (si j'ai des lecteurs) à le décider.

D. Y.

Décembre 1866.

MA DÉPOSITION

DANS

L'ENQUÊTE AGRICOLE

AVRIL 1866.

L'agriculture est dans un état de malaise et
de gêne dont l'expression a monté jusqu'au
sommet du gouvernement : l'Empereur a dit
à l'ouverture de la session de 1866 qu'une sérieuse enquête serait faite sur l'état et les besoins de l'agriculture. Il n'est guère possible
qu'il ne sorte pas de cette enquête générale des
lumières, autres peut-être que celles qu'on attend; mais ce sera toujours un grand bien
d'avoir donné lieu de ruiner des erreurs qui
n'ont jamais de bonne conséquence, et de dé-
gager ou d'affermir des vérités qui sont toujours utiles. Nous devons à l'Empereur une
grande reconnaissance pour avoir ainsi pro-

1.

voqué sans réserve nos appréciations et nos idées sur un sujet de si grande importance pour nous et pour le pays tout entier. Ce qui va suivre est mon contingent que j'apporte à l'enquête.

Cultivateur depuis plus de quarante-cinq ans, j'ai continué au même lieu le métier que m'ont transmis mes pères. J'ai observé et gardé dans ma mémoire la plupart des faits agricoles dont j'ai été témoin pendant ma longue pratique : j'ai vu et éprouvé bien des choses que je crois bonnes à dire et à faire connaître dans l'intérêt de tous; et ce que la réflexion m'a suggéré, je l'exposerai avec une entière franchise. Je ne veux qu'une chose, la vérité; et si je ne la montre pas toujours, c'est qu'elle m'aura échappé, malgré ma volonté et mes constants efforts pour y arriver.

LA VALEUR DU SOL A DIMINUÉ D'UN CINQUIÈME ENVIRON.

Je poserai tout d'abord deux faits qui sont certains pour moi : l'un, c'est que la valeur du sol en général a grandement diminué, et que la terre ne vaut guère aujourd'hui que les quatre cinquièmes de ce qu'elle valait antérieurement ; c'est un fait facile à constater, et dont l'explication se trouvera plus tard.

PRODUIT DE L'ARGENT PLACÉ DANS L'AGRICULTURE.

L'autre, c'est que l'argent placé dans l'agriculture rapporte rarement plus de trois, et très-souvent moins de trois pour cent par an.

CE DONT IL FAUT TENIR COMPTE POUR ÉTABLIR CE PRODUIT.

Ici l'établissement du fait offre, j'en conviens, quelques difficultés : il faut la connaissance réfléchie des choses de l'agriculture pour les résoudre. A qui voudra tenter de le faire, je dirai qu'outre le prix de la terre exploitée par le propriétaire ou en dehors de la rente payée par le fermier, il faut tenir compte des bâtiments ruraux de toute nature, de leur entretien, du sol sur lequel ils se trouvent placés ; il faut avoir égard aux avances faites pour l'exploitation ; ces avances ont lieu pour le mobi-

lier de toute sorte, pour l'achat du bétail (chevaux, bêtes à laine, vaches, etc., etc.), pour
l'outillage général, pour le prix de tout ce qui
est nécessaire à la culture (graines, paille,
nourriture des hommes et des animaux, salaires, impôts, etc., etc.), depuis l'entrée en jouis-
sance qui se fait pour la préparation des ensemencements d'automne jusqu'au moment où
la récolte qui suit ces ensemencements permet
au cultivateur de vivre enfin avec les produits
de la ferme et d'en tirer parti.

CE QUI ARRIVE A L'IMPÔT DIRECT DANS LES MOMENTS DE GRANDE CRISE.

Avant d'examiner les causes de notre malaise et de notre gène, je veux voir ce qui arrive
à l'impôt direct dans les moments de grande
crise. Les autres sources d'impôt diminuant
alors presque jusqu'à tarir, c'est à l'impôt direct, à l'impôt foncier surtout, dont la matière
est toujours là, qu'on s'adresse : cela s'est vu
après la révolution de 1850, temps où l'on
ajouta au principal de l'impôt direct trente

centimes; cela s'est vu surtout après la révolution de février : quarante-cinq centimes furent immédiatement ajoutés à l'impôt, et le principal fut grevé de dix-sept centimes additionnels sans affectation spéciale, centimes dont l'Empereur nous déchargea en 1851.

TRAITEMENTS QUI DANS LES GRANDES CRISES ARRIVENT AU COMMERCE ET A L'INDUSTRIE.

Et quels sont en pareilles circonstances les traitements qui arrivent à l'industrie et au commerce [1]? En 1850, on prêtait à l'industrie trente millions, dont une partie n'est jamais rentrée dans les caisses de l'État.

En 1848, on donnait à l'industrie et au commerce des primes à l'exportation, primes dont je n'ai pas le chiffre sous la main, mais ce chiffre était bien plus considérable que celui du prêt fait en 1850.

[1] Il y a dans le commerce des parties qui, comprises sous le même nom, diffèrent cependant beaucoup entre elles. Ainsi le commerce d'exportation n'a rien de commun avec le commerce de détail ou de demi-gros, les seuls que nous connaissions et qui existent dans nos localités.

Lors de la réforme commerciale de 1860, on avança à l'industrie 40 millions pour améliorer ou renouveler son outillage, et des travaux publics considérables ont été faits depuis et se continuent pour lui rendre plus faciles ses approvisionnements en combustible et en matières premières.

LES PRODUITS AGRICOLES ÉTRANGERS ENTRANT LIBREMENT EN FRANCE ; LES PRODUITS INDUSTRIELS PROTÉGÉS PAR DES DROITS EN CERTAINS CAS TRÈS-ÉLEVÉS.

Quand toutes les productions agricoles de l'étranger entrent chez nous exemptes de tous droits, l'industrie a encore des protections qui vont jusqu'à 30 pour 100 de la valeur de certains objets.

Lorsque autrefois des droits élevés étaient censés protéger nos produits agricoles contre la concurrence des produits pareils du dehors, nous n'avions pas d'adversaires plus animés que l'industrie et le commerce, qui réclamaient la suppression de ces droits prélevés, disaient-ils, sur la vie du consommateur français ; oubliant sans doute que de nombreuses prohibi-

tions à leur profit empêchaient toute concurrence étrangère, tout abaissement de prix autre
que celui amené par l'exagération de la production, oubliant que des primes en certains
cas, si je ne me trompe, et je ne crois pas me
tromper, étaient données à quelques-uns des
produits de l'industrie pour en faciliter la sortie, oubliant que pour le reste ils étaient abrités
par des droits équivalant souvent à la prohibition. Et certes leurs réclamations contre nous
n'avaient pas pour objet d'offrir quelques réductions des avantages de toutes sortes existant
à leur profit : loin de là ! Lorsqu'il s'est agi de
supprimer les prohibitions et d'abaisser les
droits qui les protégeaient, on se rappelle avec
quelle insistance, avec quelle énergie ils ont
lutté pour défendre la commode et lucrative
position dans laquelle ils s'étaient trouvés si
longtemps et si bien.

DIFFÉRENCES ENTRE L'AGRICULTURE ET L'INDUSTRIE.

Et puisque nous sommes sur ce sujet, voyons
maintenant quelles autres différences caractéri-

sent l'agriculture d'un côté, et l'industrie de l'autre.

L'agriculture, en quelque circonstance que ce soit, ne peut pas chômer : les mécomptes les plus graves, les plus complets se sont produits; *il faut* qu'elle s'y expose encore en continuant ses préparations et ses ensemencements. L'abondance de certains produits les a avilis outre mesure; *il faut* qu'elle cherche à en créer de nouveaux, qui pourront ajouter à cet avilissement. Les bras qu'elle a une fois occupés, elle les occupe toujours; les salaires qu'elle donne, elle ne les réduit pas, quelle que soit sa position, et quand ils viennent à changer, ce n'est que pour subir une augmentation. Ce n'est pas pour ses ouvriers en détresse qu'on a jamais fait de souscriptions publiques!

L'industrie éprouve-t-elle quelque gêne, quelque encombrement dans sa production? elle ralentit cette production en diminuant et le nombre de ses ouvriers et la quotité de leurs salaires. Le chômage lui est-il prescrit par son intérêt? elle a recours au chômage, fâcheux pour elle sans doute, mais qu'elle fait cesser sitôt que les circonstances le permettent. Et cependant on voit ses ouvriers inoccupés et sans ressources recourir à la charité publique, qui ne leur fait pas défaut; et cette charité, qui l'exerce surtout? Le cultivateur, ajoutant ainsi à ses charges obligées de lourdes charges volontaires.

Je dirai en passant qu'on me semble aujourd'hui n'avoir point assez de confiance en la charité que Dieu a mise au cœur de l'homme, et que rien n'est capable d'y éteindre. Si dans les temps présents elle ne s'exerce pas toujours avec cette foi naïve qui la dirigeait autrefois, la raison, se joignant au sentiment naturel qui la commande, la rend aussi large et aussi généreuse que la foi elle-même la faisait.

LES CAUSES DES SOUFFRANCES DE L'AGRICULTURE PASSAGÈRES OU PERMANENTES.

J'aborde maintenant les causes des souffrances de l'agriculture. Ces causes me semblent de deux sortes : les unes passagères, les autres, les causes principales, permanentes.

LES CAUSES PASSAGÈRES.

Les causes passagères résultent presque toujours de l'insuccès, de la nullité parfois de récoltes essentielles, sur lesquelles compte le cultivateur, ou pour l'accroissement modéré de
son avoir, ou pour remplir ses engagements.

Dans cet ordre de faits des mécomptes considérables se sont produits : ainsi en 1863 la récolte des betteraves dans nos contrées a été
mauvaise et n'a pas même, en certains cas,
payé les frais occasionnés par la culture spéciale de la plante.

En 1864, cette même récolte a été mauvaise
encore, et de plus le produit des colzas a été
minime : loin d'avoir donné le produit moyen
qu'on se croit en droit en général d'en atten-
dre, en bien des cas les ensemencements ou les
plantations détruits avaient amené des frais en
pure perte, et leur remplacement partiel par la
betterave fut bien loin d'être heureux.

En 1865, absence on peut dire complète de
colza ; production infime de l'œillette, voilà

parmi nous l'état de la production de ces deux plantes; mais fort heureusement la betterave, en général abondante, a permis à ceux qui la cultivent dans d'assez fortes proportions (leur nombre n'est pas bien grand) de subvenir plus ou moins complétement aux besoins qu'avaient laissés entiers le colza et l'œillette.

LE BLÉ, MALGRÉ SON BAS PRIX, EST LOIN D'ÊTRE CAUSE DES SOUFFRANCES DE L'AGRICULTURE.

Je ne parle pas du blé, malgré les plaintes qu'excite son bas prix : je suis loin de croire qu'il contribue en rien aux souffrances de l'agriculture; je dirai pourquoi dans la suite.

LES CAUSES PERMANENTES.

Les causes permanentes, qui tendent à s'accroître, de ces souffrances, sont de divers ordres et avec des degrés différents de puissance. Qu'il me soit permis de les manifester telles que je les comprends.

ACCROISSEMENT PRODIGIEUX DES CHARGES LOCALES.

Il y a un fait qui ne peut être contesté, c'est l'accroissement prodigieux des charges locales, qui tendent à augmenter chaque jour : ainsi en 1856 [1] les recettes ordinaires des communes, Paris excepté, étaient de 100,848,990 francs ; en 1862 ces mêmes recettes étaient de 291,899,431 fr., donnant ainsi de plus qu'en 1856, 191.050,441 fr.

Les recettes extraordinaires en 1856 étaient de 24,461,073 francs ; elles étaient en 1862 de 149,517,559 fr.; différence en plus pour 1862 : 125,056,486 fr.

Ainsi en 1862 les recettes ordinaires et extraordinaires des communes, Paris excepté, dépassaient celles de 1856 de 516,106,927 fr.

En 1856 les dépenses ordinaires étaient de 85,850,926 francs ; en 1862 elles étaient de 256,925,948 fr.; différence en plus pour 1862 : 175,124,022 fr.

En 1856 les dépenses extraordinaires étaient

[1] *Moniteur* du 8 juillet 1865.

de 55,902,204 fr.; celles de 1862 étaient de 195,288,419 fr.; différence en plus pour 1862 : 159,521,214 fr.

Ainsi en 1862 les dépenses ordinaires et extraordinaires des communes, Paris excepté, étaient supérieures à celles de 1856 de 552,445,526 fr.

Nous ne pouvons pas, avec les éléments que nous avons sous la main, et nous ne savons pas si l'on pourrait marquer d'une façon même approximative quel était le contingent des communes rurales dans les recettes de 1862, et quelles dépenses ont été faites par elles; mais il n'est pas douteux que dans l'un et dans l'autre cas elles ont perçu et dépensé beaucoup. Je vais indiquer quelques-unes des recettes auxquelles elles ont dû apporter la plus forte part :

	EN 1836.	EN 1862.	Différence en plus.
La taxe sur les chiens était de. .		4,975,803	4,975,803
Les centimes spéciaux pour l'instruction primaire étaient de. . . .		7,043,377	7,043,377
Les centimes spéciaux pour les chemins étaient de.		12,604,438	12,604,438
Les prestations évaluées en argent étaient de .		48,922,659	48,922,659
Les impositions pour insuffisance de revenus, dépenses obligatoires et facultatives, étaient de. .	9,128,930	19,432,825	10,303,895
Le produit des octrois était de. .	39,853,055	72,656,153	32,803,098
Les taxes additionnelles à ces produits étaient de.		6,012,650	6,012,650
Totaux. . .	48,981,985	171,647,905	122,665,920

Ainsi en vingt-six ans les recettes se sont accrues, pour ces divers articles, de **122,665,920** fr.

J'en pourrais ajouter beaucoup d'autres, payés en grande partie par l'agriculture, tels que location des places dans les halles, foires et marchés, taxes communales diverses, etc., etc.

J'ai omis aussi la rétribution scolaire, regardée comme nulle en 1856, et figurant pour 16,795,580 fr. en 1862, parce que la rétribution telle qu'elle était alors, bien moindre sans doute qu'en 1862, était payée directement aux instituteurs, et ne tenait aucune place dans la comptabilité publique.

Encore une fois, je ne puis dire la part des communes rurales dans les revenus que je viens de signaler; mais je crois cette part grande, et je crois que pour bien d'autres articles elles contribuent encore d'une façon marquée.

Quel a été depuis quatre ans, de 1862 à 1866, l'accroissement des revenus et des dépenses des communes? Je ne sais; mais j'affirme, sans crainte de me tromper, qu'il a été considérable.

Voici du reste un tableau qui montrera, par la comparaison des années 1856 et 1862, l'augmentation des revenus ordinaires des communes, c'est-à-dire l'augmentation en général de leurs impôts :

2

COMMUNES

	Au-dessous de 100 fr. de revenu.	De 101 à 200.	De 201 à 500.	De 501 à 10,000.	De 10,001 à 30,090.	De 30,001 à 100,000.	De 100,001 et au-dessus.
1836[1].	860	1,909	8,595	25,090	499	134	95
1862.	45	121	416	33,454	2,813	453	201

AUGMENTATION DES SALAIRES.

Dans un autre ordre de faits, l'agriculture a dû pourvoir à des dépenses forcées qui ont réduit ses revenus d'une manière sensible. Au premier rang il faut placer les salaires, qui se sont élevés du tiers, de la moitié, des trois quarts ; je ne crois pas qu'on en pourrait citer qui eussent obtenu une augmentation moindre, et il ne serait pas impossible d'en trouver qui eussent doublé.

DÉPENSE PLUS GRANDE POUR LA NOURRITURE DES OUVRIERS.

D'un autre côté, l'amour du bien-être matériel, qui ne cesse de grandir, a nécessité pour

[1] Les chiffres des communes comprises dans les années 1836 et 1862 ne concordent point, et montrent une différence de 273, résultat sans doute de fautes d'impression au *Moniteur*.

les repas des ouvriers qui vivent dans les fermes une nourriture, non pas plus abondante, mais plus délicate et plus coûteuse.

ACCROISSEMENT DE DÉPENSE PAR LA CONFECTION DES CHEMINS AVEC LE SILEX.

Les chemins sont généralement bons, grâce aux sacrifices faits et continués par les communes; mais cette bonté, acquise à l'aide du silex qui a servi à la confection et qui sert à l'entretien de ces chemins, occasionne une usure de fer aux instruments dont se sert l'agriculture et aux pieds des chevaux, laquelle se traduit chaque année en une somme assez forte; et je crois être dans la vérité en disant que la dépense pour le maréchal a augmenté dans une proportion qui va de la moitié au double.

ACCROISSEMENT DES FRAIS DE CULTURE LA OU EXISTENT DES CHEMINS DE FER.

Je n'omettrai point un fait jusqu'ici négligé, et qui est pour l'agriculture, là où ce fait se produit, une cause de dépenses qui peuvent se compter à coup sûr par millions. Nous avons de treize à quatorze mille kilomètres de chemins de fer exploités; leur tracé a coupé et divisé des terres qui ont été ainsi éloignées de leur lieu d'exploitation par les détours qu'on est généralement obligé de faire pour y arriver. Or l'éloignement des terres en culture amène des dépenses considérables : cent vingt hectares agglomérés auprès de la ferme pourront être cultivés par trois domestiques et par trois attelages de chevaux; cent vingt hectares épars sur toute l'étendue d'un territoire assez vaste exigeront quatre domestiques et quatre attelages. Or un domestique et son attelage peuvent coûter 4,000 francs par an, en tenant compte de l'argent nécessaire pour se procurer les chevaux, les harnais, les instruments, pour leur entretien, leur amortissement, etc., pour le salaire du domestique, pour sa nourriture et celle des chevaux, etc. Qu'on essaye d'apprécier, si l'on peut, le nombre d'hectares qui ont pu donner naissance à des frais de culture nouveaux, et j'ai la conviction qu'on trouvera d'as-

sez nombreux millions pour ces frais, qui ont
la perspective d'un accroissement indéfini [1].

L'AMOUR D'UN BIEN-ÊTRE PLUS GRAND, CAUSE D'AMOIN-DRISSEMENT DANS LES ÉPARGNES AGRICOLES.

Je terminerai cette partie en exposant une
cause volontaire d'amoindrissement dans les
épargnes agricoles, déjà réduites de tant de
manières, et cette cause, c'est là, comme partout ailleurs, l'amour d'un bien-être plus
grand que je suis loin de condamner, que je
trouve même parfaitement raisonnable lorsqu'il demeure renfermé dans de certaines limites; et ces limites, en général, je ne les crois pas
franchies parmi nous, car je n'appelle point
luxe les commodités qu'on se procure à la
suite d'une aisance accrue par le travail et par
une économie persistante. S'il en était autre-
ment, si le luxe avait pris pied chez nous, ce

[1] Si l'on supposait que chaque kilomètre de chemin de fer
a seulement occasionné des frais de culture nouveaux pour
10 hectares de terre, on trouverait, pour 13,009 kilomètres,
135,000 hectares, pouvant former 4,000 charrues, coûtant
16 millions de francs par an.

serait une cause plus ou moins prochaine de
ruine, mais une cause infaillible. Le code civil,
ce niveleur incessant et impitoyable, juste dans
son action, ne réserve plus l'élément et l'ali-
ment du luxe, la richesse, à des mains assurées
de la recueillir et obligées de la transmettre
sans altération : il partage et divise sans
cesse.

DIVERSES ORIGINES DU LUXE.

Le luxe a des origines diverses. Quand on
l'a reçu comme un héritage de famille, héritage peu digne d'envie, et que ce qui servait à
le nourrir, ce qui semblait le rendre légitime,
une grande fortune, se trouve amoindri par la
division entre des enfants nombreux, pour
maintenir ce luxe, qui tend à grandir toujours
et ne sait point se réduire, on voit souvent les
familles transformer leurs revenus et vendre
leurs terres au produit relativement petit pour
en avoir de plus élevés avec des capitaux
qu'elles gardent : elles peuvent ainsi continuer
les grandes habitudes dans lesquelles elles ont
été élevées, jusqu'au jour où une nouvelle divi-

sion, une nouvelle réduction amène la gêne, la ruine même, ou bien conduit à des expédients et à des ressources qui font perdre aux sentiments leur élévation, aux caractères leur dignité.

Le luxe prend encore naissance dans ce bien-être raisonnable qui comble d'abord les désirs de celui qui se le donne, mais qui parfois aussi ne les satisfait plus. Ce bien-être s'étend alors, et, la vanité aidant, devient tel qu'il perd bientôt son nom pour mériter et prendre celui de luxe. Différent du luxe d'origine, continué souvent tel qu'il est venu, celui-ci tend à grandir avec la fortune qui lui a donné naissance et qui l'alimente, et ne lui permet pas de chercher dans la terre de médiocres revenus, préférant ceux plus grands que donne la richesse mobilière, malgré les chances qui les accompagnent. Est-il besoin de dire que ce dernier luxe court des risques de voir sa fin prochaine plus grands encore que le premier?

MODESTIE DU LUXE.

Le luxe d'ailleurs est une marque de modes-
tie plus grande qu'on ne croit : celui qui l'étale
demande à des choses extérieures une considération, une attention tout au moins qu'il ne se
juge pas capable sans doute d'obtenir par lui-
même; il la cherche dans une belle habitation,
dans un riche mobilier, dans un brillant équi-
page, dans des chevaux magnifiques, dans une
table somptueuse, dans des ornements écla-
tants; et les dispositions générales des esprits
la font en effet rencontrer là, durable seulement tant que durent les objets auxquels elle
s'attache, changeant et finissant avec eux.

EXAMEN DE LA QUESTION DES CÉRÉALES.

Avant de voir s'il y a des remèdes à nos
maux et quels peuvent être ces remèdes, je
veux aborder la question des céréales, que je
montrerai telle qu'elle m'apparaît. J'ai dit précédemment que je ne croyais pas d'action au

prix peu élevé du blé sur nos souffrances actuelles; je vais exposer pourquoi.

LA RÉCOLTE DE 1865 TRÈS-BONNE.

La récolte de 1865 a été excellente dans nos contrées, sauf les pays qui ont subi les désastres de la grêle. Je crois qu'on pourrait sans exagération porter le produit moyen de cette récolte à 24 hectolitres par hectare, et j'ai la conviction d'être au-dessous de la réalité en fixant cette récolte à 22 hectolitres, comme je vais le faire.

CE QU'IL Y A DE PLUS AVANTAGEUX POUR LE CULTIVATEUR, C'EST DE RÉCOLTER BEAUCOUP, QUOIQU'IL VENDE A BAS PRIX.

Je suppose une exploitation de deux charrues, qui se composera de 72 hectares de terre; 26 seront en blé, et auront donné 572 hectolitres de grain, à 22 hectolitres par hectare, comme nous venons de le dire, ci. . .   572ʰ

A reporter. 572ʰ

Report.	572ᵇ
Dont il faut déduire pour se-mences 58 hectolitres, ci. . . .	58ᵇ
Pour battage au 16ᵉ, 56 hec-tolitres, ci	56
Pour nourrir la maison com-posée de quatre personnes for-mant la famille du cultivateur, de deux valets de charrue, d'un homme de cour, d'une servante, d'un berger avec ses chiens, de deux hommes pour la moisson, 54 hectolitres, ci.	54
Pour avarie, perte par souris, rats, charançons, etc., inatten-tion dans la consommation, 54 hectolitres, ci	54
Total, 182 hectolitres. . .	182ᵇ
Qui, déduits des 572 hectoli-tres, montant total de la récolte.	182
Laissent pour la vente 390 hectol.	390ᵇ
Lesquels, à raison de 16 fr. l'un. .	16ᶠ
Donnent 6,240 francs, ci.	6,240ᶠ

Mettons maintenant en regard la production moyenne d'un hectare de blé à **18** hectolitres : ce ne sera pas une mauvaise récolte à coup sûr, et j'ai la certitude qu'avec l'ordre et l'économie qu'amène le prix élevé des denrées dans leur distribution, ces **18** hectolitres, qui seraient notre récolte moyenne, que suivrait proportionnellement la récolte des autres contrées, nous donneraient des éléments de subsistance suffisants. **26** hectares à **18** hectolitres donneraient 468 hectolitres, ci. 468ʰ

    A déduire :

Pour semence 58ʰ

Pour battage au 16ᵉ.   29

Pour nourriture, comme précédemment.   54

Une attention plus grande sur la consommation et sur tout le reste réduirait à coup sûr les 54 hectolitres que nous avons portés comme perte ; mais le prix du blé s'élevant avec la moindre abondance, il en ré-

    A reporter. 141ʰ   468ʰ

Report . . . . 141^h 468^h

sulte de nouveaux besoins chez
des pauvres qui deviennent indigents, et demandent ce qui
leur manque à la charité, qui ne
leur fait pas défaut. Nous ne re-
trancherons donc rien de ce
côté, l'économie qu'on pourrait
faire étant au profit de la charité, et nous continuons de porter 54 hectolitres, ci   54

Total, 175 hectolitres, ci . .   175^h

Qui, déduits des 468 hectolitres,
produit total de nos 26 hectares. . .   175

à 18 hectolitres l'un, laissent au cultivateur pour la vente 295 hectolitres. .   295^h

Supposant chacun d'eux au prix de
20 fr., ci . . . .   20^f

Nous avons 5,860 fr . . . .   5,860^f

Par conséquent, 580 francs de moins que ce
que donne la récolte à 22 hectolitres par hectare au prix de 16 francs l'hectolitre.

Si maintenant nous prenions les choses comme elles se passent parmi nous, si du produit net à vendre, tel que nous venons de l'établir, nous déduisions les salaires en nature que la plupart des cultivateurs payent, voici à quels résultats nous arriverions : nous avons laissé à vendre dans les mains du cultivateur, avec la production de **22** hectolitres par hectare, 390 hectolitres de blé, ci. 390ʰ

Il en faudrait retrancher pour moissonner 48 hectolitres, ci 48ʰ

Pour deux valets de charrue, 26, ci. 26

Pour le berger, 15, ci. . . . 15

Pour deux hommes pendant la moisson, 12, ci. 12

Total, 101 hectolitres, ci. 101ʰ

Qui, déduits de 390 hectolitres. . . 101

Laissent à vendre 289 hectolitres. . 289ʰ

Or à 16 francs. 16ᶠ

Ces **289** hectolitr. donnent 4,624 fr. 4,624ᶠ

Nous avons laissé **295** hectolitres à vendre au

cultivateur avec une récolte de **18** hectolitres par hectare; ces **295** hectolitres doivent être réduits du montant des salaires en nature précédemment détaillés, et qui sont invariables. . . . . 295^h

101

Il reste donc en ce cas à vendre 192 hectolitres. . . . . 192^h

Qui, à 20 francs . . . . 20^f

Font 5,840 francs. . . . . 5,840^f

Par conséquent, **784** francs de moins que ce que donne la production à **22** hectolitres par hectare, avec le prix de **16** francs par hectolitre [1].

---

[1] Ceci était écrit au moment où la récolte de 1866 était en terre et ne permettait pas de prévoir ce qu'elle pourrait être. Aujourd'hui je ne crois pas qu'on puisse estimer cette récolte dans nos contrées à plus de 15 hectolitres en moyenne par hectare. Nous allons voir combien le haut prix du blé, à la suite d'une récolte qui n'est pas absolument mauvaise, mais qui est au-dessous d'une récolte médiocre, est loin d'être un avantage pour le cultivateur, et combien lui serait plus profitable une bonne récolte avec de bas prix.

Dans notre culture de 72 hectares, 26 en blé devront donner 390 hectolitres, à raison de 15 hectolitres par hectare; si de ces 390 hectolitres nous déduisons, comme dans le premier cas, 58 hectolitres pour semence, 24 hectolitres 40 litres

Je crois avoir été aussi près que possible de
la vérité dans tout ce que je viens de dire. Or,
ne résulte-t-il pas clairement de ce qui précède
que l'abondance est un avantage pour le culti-

pour battage, 54 hectolitres pour la nourriture de la maison,
et 34 hectolitres pour les diverses causes énumérées, en faisant toutefois observer que le haut prix du blé obligera le
cultivateur à des sacrifices charitables plus grands à coup sûr
que ne sera grande l'économie qu'il pourra faire sur ces
34 hectolitres, il lui reste pour la vente 219 hectolitres
60 litres; estimant chaque hectolitre en moyenne 25 francs,
le cultivateur aura pour prix de vente de ces 219 hectolitres
5,475 francs. Quand il vend 390 hectolitres à 16 francs, il a
6,248 francs, par conséquent 755 francs de plus qu'en en
vendant 219 hectolitres 60 litres à 25 francs. Quand il vend
293 hectolitres à 20 francs, il a 5,860 francs, par conséquent
385 francs encore en plus. Mais, je le répète, les 34 hectolitres portés comme perte, etc., ne suffiront pas à la nécessité que s'impose le cultivateur de soulager les souffrances
développées par le haut prix du blé; et l'argent qu'il est
censé devoir toucher se trouvera ainsi réduit, même considé-
rablement.

Maintenant, si nous prenons le cas où, comme dans nos
contrées, le cultivateur paye en nature la plupart des travaux
qu'il fait exécuter, voici à quelles conséquences nous arrive-
rons : si des 219 hectolitres 60 litres avec une récolte de
15 hectolitres par hectare restés à vendre par le cultivateur, nous retranchons les 101 hectolitres que lui coûtent les
salaires, il ne lui reste à vendre que 118 hectolitres 60 litres,
lesquels, à 25 francs l'un, donnent 2,965 francs. Lorsque le
cultivateur, récoltant 22 hectolitres par hectare, avait retranché tout ce qu'il devait payer en nature, il lui restait

vateur dans les circonstances où nous sommes?
Pour moi je le crois fermement, et j'entendais
récemment avec plaisir un petit cultivateur
disant : « Toutes les fois que j'ai fait le plus
d'argent dans ma maison, c'est quand le blé
était à bon marché. » C'est ce même cultivateur qui, dans d'autres circonstances, quand
le prix du blé était élevé, me disait encore :
« Le blé a beau être cher, je n'en ai point à
vendre. »

Je comprends très-bien qu'on voudrait avoir
un haut prix d'une denrée abondante; mais en

---

pour la vente 289 hectolitres, qui à 16 francs lui donnaient
4,624 francs, par conséquent 1,659 francs de plus que lorsqu'il vend 118 hectolitres 60 litres à 25 fr.

Lorsque le cultivateur ayant récolté 18 hectolitres par hectare avait aussi donné à ses ouvriers tout le blé qu'il leur devait, il lui restait à vendre 192 hectolitres de blé qui, à 20 fr.
l'un, lui procuraient 3,840 fr.; par conséquent 875 fr. de
plus que lorsqu'il vend 118 hectolitres 60 litres à 25 fr.

On le voit donc, ce qui importe le plus au cultivateur, c'est
de récolter beaucoup, dût-il vendre à bas prix, comme cela se
fait toujours alors, et son intérêt en ce cas est en parfait accord avec l'intérêt général; de même que lorsqu'il récolte
mal, même en vendant cher, ce qui a toujours lieu par la
force des choses, il souffre dans ses intérêts en même temps
que ceux de la société sont compromis.

le voulant on cherche l'impossible; la nature
des choses s'y oppose, et l'on ne change pas la
nature des choses : *toujours en tout*, l'abondance
sera suivie de bas prix, la rareté amènera la
cherté.

BAS PRIX PÉRIODIQUE DU BEURRE EN CERTAINS CAS, PRIX ÉLEVÉ EN CERTAINS AUTRES CAS.

Il est un fait qui arrive tous les ans à la même
époque; fait toujours prévu, et qui ne trompe
jamais; c'est celui-ci : le prix du beurre atteint
sa plus grande élévation en général vers le mois
de mars, qui est le temps du carême; et quand
mai arrive, ce prix s'abaisse ou du tiers ou de
plus. On conçoit que durant l'hiver, avec des
aliments secs, quelquefois donnés avec une par-
cimonie nécessaire, on produit peu de lait et
peu de beurre; et que ce beurre, dont la consommation augmente par les prescriptions re-
ligieuses du carême, doit être recherché, comme
il l'est en effet plus qu'en aucun autre temps :
on comprend qu'il doive avoir alors sa plus
grande valeur, comme il l'a toujours, malgré

l'infériorité de sa qualité. D'un autre côté, quand les herbes arrivent, que le bétail est nourri au vert, qu'il donne en abondance du lait et du beurre meilleurs, on s'attend à un grand abaissement de prix, et l'on n'est jamais trompé dans son attente. Si l'on voulait en mai ou en juin empêcher cet abaissement, comment s'y prendrait-on? Je n'en sais rien, pour moi; et apparemment la conviction que cela n'est pas possible est telle chez tous, qu'après avoir prévu le fait, on s'y soumet sans peine, et sans songer à le changer ou à le modifier.

LA LOI DE L'OFFRE ET DE LA DEMANDE, SEULE CAUSE EN TOUT ET PARTOUT DE L'ÉLÉVATION OU DE L'ABAISSEMENT DES PRIX.

Une autre loi que celle de l'offre et de la demande gouverne-t-elle la valeur du blé? Malgré les nombreuses et graves affirmations qu'il en peut être ainsi, je suis convaincu du contraire, et je vais donner les raisons de ma conviction.

Je dirai d'abord que j'ai été partisan résolu de la loi dite de l'échelle mobile; mais les faits produits sous son empire m'ont paru si étran-

ges, si opposés à ceux qui me semblaient devoir en résulter, que je voulus les étudier selon
mes moyens, et de cet examen est venue pour
moi depuis longtemps la certitude que voici :
les avantages qui semblaient devoir sortir de
cette loi pour l'agriculture étaient nuls : elle
avait pour inconvénient, pour danger même,
l'idée répandue qu'elle était une protection efficace pour nous. On s'en inquiétait peu dans
les temps d'abondance : mais quand arrivaient
la rareté et les hauts prix, bien qu'on suspen-
dît l'exécution de la loi, l'opinion populaire
imputait ces hauts prix à l'agriculture, et la
rendait ainsi gratuitement odieuse. Et puis,
qu'est-ce qu'une loi, qu'on se croit obligé de
violer, quand la subsistance d'un pays semble
insuffisante ? Car toutes les fois que les prix se
sont sensiblement élevés en France, l'application de la loi était arrêtée : et je cite le fait sans
la moindre intention de blâme; je l'approuve
au contraire, tout en regrettant vivement cette
nécessité de violation, qui est toujours une
triste chose et d'un périlleux exemple.

3.

LA LOI DITE DE L'ÉCHELLE MOBILE INCAPABLE D'ÉLEVER LES
PRIX DANS LES TEMPS DE SURABONDANCE. — BAS PRIX
DU BLÉ SOUS L'EMPIRE DE CETTE LOI.

Les avantages de la loi étaient nuls, car em-
pêchait-elle les bas prix résultant de l'abondance? On va pouvoir le juger : la seconde
qualité du blé valait par hectolitre sur le dernier marché d'octobre à Péronne :

En 1835. . . . . 12 fr. 75 c.
En 1836. 14   25
En 1837. 15   25
En 1840. 16   75
En 1843. 17   00
En 1844. 15   50
En 1848. 15   50
En 1849. 14   00
En 1850. 15   00
En 1851. 15   50
En 1852. 17   75
En 1858. 15   00

Ainsi, dans une période de vingt-quatre ans,

de 1855 à 1858, voilà douze ans qui donnent par hectolitre de blé de seconde qualité sur le dernier marché d'octobre à Péronne une moyenne de 15 fr. 19 c., et ce qui avait lieu à Péronne avait lieu de la même manière ailleurs : tout cela, je le répète, sous l'empire de la loi dite de l'échelle mobile.

PRIX DU BLÉ EN TEMPS DE SURABONDANCE, MOINS BAS SOUS L'EMPIRE DE LA LIBERTÉ.

Sans doute ces bas prix arrivaient à la suite de récoltes abondantes : mais ces années d'abondance, ne les avons-nous pas vues en 1863, 1864, 1865? Et cette abondance a été telle, que nous n'en avons jamais vu de plus grande, pas même d'aussi grande : or, quel a été le prix du blé sous la liberté absolue, dans les conditions précédemment indiquées, c'est-à-dire sur le dernier marché d'octobre à Péronne pour la seconde qualité? Il valait :

En 1863.	16 fr.	50 c.
En 1864.	16	25
En 1865.	17	25

Qu'on veuille bien remarquer ceci : dans le tableau des prix cités, on a trois années qui se suivent, 1835, 1836, 1837, qui offrent un prix moyen de 14 fr. 08 c. par hectolitre : on en a quatre autres, également successives, 1848, 1849, 1850, 1851, qui offrent un prix moyen de 14 fr. 50 c.; et tout cela, sous le règne de la loi dite de l'échelle mobile. On trouve sous l'empire de la liberté trois années se suivant, 1863, 1864, 1865, dont le prix moyen est de 16 fr. 67 c. par hectolitre, avec une différence en plus de 2 fr. 59 c. sur la période de 1835, 1836, 1857, et avec une différence encore en plus de 2 fr. 17 c. sur la période de 1848, 1849, 1850, 1851. Je ne conclurai pas de cela seul, et d'une manière absolue, que la liberté est plus avantageuse au producteur de blé, que des droits plus ou moins prohibitifs; mais on m'accordera bien aussi que cela est loin de prouver contre la liberté.

ON NE VEUT PLUS, DIT-ON, DE LA LOI DITE DE L'ÉCHELLE
MOBILE ; MAIS ON DEMANDE UN DROIT FIXE, QUI DISPA-
RAÎTRAIT QUAND LE PRIX DU BLÉ AURAIT ATTEINT UNE
LIMITE MARQUÉE.

Mais, dit-on, personne ne veut plus de la loi
avec des droits variables : il s'agit seulement
d'établir à l'entrée des blés étrangers chez nous
un droit de 2 francs, par exemple, par 100 kilogrammes, ou de 1 fr. 50 c. par hectolitre,
droit qui disparaîtrait quand le prix du blé serait à une certaine limite. Fort bien ! mais est-
ce que la loi de l'échelle mobile ne faisait pas
plus que cela, puisqu'elle avait des droits à
l'entrée tellement élevés, quand le blé valait
chez nous moins de 18 francs par hectolitre,
que ces droits étaient l'équivalent d'une véritable prohibition? Or, si avec de pareils droits
nous avons vu les faits que je viens de rapporter, peut-on raisonnablement espérer dans les
temps heureux d'abondance de meilleurs prix
que ceux précédemment cités?

Toutefois, laissant de côté les difficultés d'application, examinons ce qui adviendrait du

moyen proposé. Ses partisans le croient capable de relever la valeur du blé déprécié; car, disent-ils, le blé qui voudrait entrer en France payant 2 francs par 100 kilogrammes ou 1 fr. 50 c. par hectolitre, aurait sa valeur accrue d'une pareille somme : or, si celui qui voudrait nous vendre du blé étranger, joignant à son prix d'acquisition aux lieux de production les frais d'embarquement, de transport, etc., et le droit de 1 fr. 50 c., avait ainsi un blé qui lui coûterait 18 francs ou 20 francs par hectolitre au lieu de 16 fr. 50 c. ou de 18 fr. 50 c., il ne viendrait pas nous empêcher d'approvisionner les localités françaises, où le blé, insuffisant à la nourriture des habitants, a pris une valeur un peu élevée : nous subviendrions à cette insuffisance; nous atténuerions l'encombrement qui existe en certains endroits chez nous, et nous amènerions ainsi une sensible augmentation du prix de notre blé aujourd'hui délaissé.

Voilà bien l'effet qu'on attend de cet établissement d'un droit fixe : voilà quelle peut être, croit-on, la puissance du remède qu'on demande sur le mal signalé. N'oublions pas que

nous avons besoin d'exporter, comme nous ex-
portons en réalité, pour réduire notre surabondance.

POURQUOI EXPORTE-T-ON, ET COMMENT PEUT-ON EXPORTER?

Pourquoi et comment exportons-nous? Parce
qu'il y a des pays où la production du blé est
insuffisante à la nourriture des habitants, et
parce que nous ne rencontrons pas là des blés
à meilleur marché que les nôtres, pour leur in-
terdire l'entrée de ces pays : ainsi, d'abord, il
faut des contrées où existent des besoins (et il
en est toujours, car l'abondance ou la rareté ne
sont jamais générales, elles varient d'un lieu à
l'autre, et alternent à intervalles plus ou moins
éloignés.) Il faut donc des contrées avec des
besoins; mais il faut aussi que les prix soient
tels qu'ils nous permettent de lutter avec ceux
des autres importateurs; on conçoit facilement
que sans cela nos blés ne pourraient sortir et
se placer ailleurs. Mais comment avec un excédant de production arrive-t-on à ces prix qui
rendent l'exportation possible? De la façon la

plus inévitable et la plus aisément compréhen-
sible. Il y a surabondance chez nous, c'est-à-
dire qu'il y a plus de vendeurs que d'acheteurs;
par exemple, voici un marché composé, 1° de
six personnes, qui ont chacune 1 hectolitre de
blé à vendre, et 2° de cinq autres personnes
voulant acheter chacune 1 hectolitre de blé : le
premier vendeur, le second, même le troisième
obtiendra un prix qui pourra lui sembler pas-
sable; mais quand il ne se trouvera plus que
deux acquéreurs, qu'un seul en face d'une
marchandise qui sera offerte par trois, par
deux vendeurs, avec la certitude qu'une partie
ne sera pas vendue, il se produira alors une
baisse dont il n'est point possible d'assigner les
limites : et le même fait se reproduisant comme
conséquence de l'offre supérieure à la demande,
le moment vient vite où les prix sont tels qu'ils
permettent l'exportation en concurrence avec
quelque vendeur que ce soit : et si l'exportation
ne pouvait avoir lieu, la denrée deviendrait invendable [1]. On peut trouver cela fâcheux, dé-

[1] Si l'on veut au contraire se rendre raison d'une élévation
de prix croissante dans un moment où la denrée est insuffi-

plorable; mais quand on a 6 hectolitres de blé
à vendre, et qu'on ne veut en acheter que cinq,
je demande ce qu'on fera du sixième; je demande si l'offre incessante de ce sixième hectolitre, qui ne peut trouver acquéreur, n'abais-
sera point énormément le prix des cinq autres,
qui s'empresseront d'aller où l'on veut d'eux,
dans la crainte de devenir l'hectolitre invendu :
je demande au pouvoir de qui il est d'empêcher
un tel état de choses : pour moi, je n'en vois
pas, je n'en connais pas en dehors de l'exportation devenue possible.

QUEL SERAIT L'EFFET D'UN DROIT ÉTABLI A L'ENTRÉE DES BLÉS ÉTRANGERS?

En présence de ce que je viens d'exposer avec
évidence, selon moi, examinons maintenant
quel serait l'effet d'un droit à l'entrée du blé

santé, qu'on fasse une supposition inverse : que l'on compose
un marché de cinq vendeurs ayant chacun un hectolitre à
vendre, et de six acheteurs voulant chacun un hectolitre : on
se figurera sans peine l'empressement à acheter de ceux dont
l'un se retirera sans avoir pu se procurer le blé dont il a besoin, et la promptitude avec laquelle s'élèvera le prix de la
marchandise ardemment recherchée.

étranger, droit tel qu'il devrait, à ce qu'on croit, influer sur le prix de nos blés en l'élevant jusqu'à un certain point.

Rappelons d'abord des faits constants : nous avons exporté en 1865, toute compensation faite, quatre millions d'hectolitres de blé : nous en avons exporté cinq ; mais il en est venu un de l'étranger, ce qui réduit notre exportation à quatre : notons que la plus grande partie de cette exportation est allée en Angleterre, qui, dit-on, a eu besoin de vingt millions d'hectolitres de blé en 1865, comme il les lui faut encore en 1866 ; n'oublions pas cela. Durant les quatre premiers mois de 1866 nous avons encore exporté quatre millions d'hectolitres, preuve superflue d'un excédant chez nous. Pourquoi avec un excédant considérable, beaucoup moins considérable pourtant qu'on ne pense, pourquoi n'avons-nous comblé que le sixième, que le septième peut-être des besoins de l'Angleterre ? Évidemment parce que des blés d'autres pays sont venus nous y disputer la place, qu'ils ont occupée en grande partie. Comment ? Au moyen de prix inférieurs aux nôtres. Mais si l'établissement d'un droit devait, comme le prétendent ses partisans, amener une élévation de prix chez nous, il en résulterait que nous nous fermerions les marchés de l'Angleterre ouverts, sans concurrence possible de notre part, à tous les autres blés, puisque déjà avec les prix tels qu'ils sont, nous prenons à peine une faible part de l'approvisionnement de l'Angleterre, malgré notre proximité : si donc la hausse qu'on voudrait provoquer était possible (et avec la surabondance elle ne l'est pas), elle aurait la conséquence forcée que j'indique.

Supposons un instant que le blé entré à Marseille n'eût pu y arriver, et que ce qui manquait dans le Midi eût été fourni par le centre de la France : d'abord le centre eût-il pu porter dans le Midi ses blés à un prix inférieur ou même égal à celui des blés de la mer Noire ou de la Méditerranée ? Non, car s'il l'eût pu, ces blés étrangers n'eussent pu venir chez nous : la concurrence que le centre leur eût faite les eût éloignés de nos côtes. Si donc le centre n'a pu établir cette concurrence dans l'état des choses, c'est que ses blés transportés à Marseille y auraient coûté plus que les blés étrangers ; et si l'on avait voulu malgré cela repousser les blés étrangers moins chers pour laisser place aux nôtres plus chers, on aurait obligé les habitants du Midi à payer leur pain un prix plus élevé qu'il n'aurait coûté avec ces blés étrangers : mais aurait-on servi les intérêts des départements du centre ou de tous autres ? Leur blé se serait-il mieux vendu en allant vers Marseille, qu'en se dirigeant vers l'Angleterre ou ailleurs ? Le million d'hectolitres qu'on aurait enlevé pour le Midi n'aurait-il point empêché la vente d'un million pour le Nord ? Le blé qui du dehors est venu à Marseille ne serait-il point allé nous faire concurrence sur les marchés extérieurs où nous portons nos grains, et empêcher le placement d'une pareille quantité extraite de chez nous ? Qu'on veuille bien se rappeler que c'est à peine si avec nos prix nous parvenons à vendre à l'Angleterre le sixième ou le septième de ce qui lui manque, malgré notre voisinage, à cause de la concurrence que nous y rencontrons ; et demandons-nous si nous aurions amoindri cette concurrence en y acheminant forcément

en quelque sorte les blés que nous chasserions
de nos côtes de la Méditerranée. Tout ce qui
résulte pour moi de l'importation du million
d'hectolitres dont il s'agit, c'est qu'elle a servi
le Midi sans dommage aucun pour personne.

L'ARITHMÉTIQUE INCAPABLE DE BIEN APPRÉCIER LA CONSOMMATION DES CÉRÉALES.

Je n'insisterai jamais assez à mon gré sur
cette loi inflexible, invariable, de l'offre et de
la demande; de l'offre, qui déprécie ce qu'elle
présente; de la demande, qui élève la valeur
de ce qu'elle veut.

Il ne faudrait certes pas pour avilir les prix,
pour rendre la denrée invendable, cinquante
millions d'hectolitres au delà de nos besoins
actuels; quinze millions suffiraient pour cela,
et je ne crois pas que nous ayons beaucoup plus
que ces quinze millions. Lorsqu'on a dit qu'il
y avait cinquante millions, on l'a dit d'après
les règles de l'arithmétique; mais l'arithmétique n'est point sainement applicable en pareille matière. L'arithmétique calculant la pro-

duction approximative d'un certain nombre
d'années, les besoins de chaque campagne, les
quantités exportées, prononce souverainement
qu'il y a tant en plus ; mais la raison et la pratique suivent une autre marche et arrivent à
un résultat bien plus juste.

CONSOMMATION DANS LES ANNÉES D'ABONDANCE.

Le blé est abondant, il se vend difficilement
et à bas prix. Oh! alors arrive une consommation en tout genre, qu'on tend bien plus à augmenter qu'à réduire. Le battage d'abord se fait
moins bien pour plusieurs causes : le batteur a
une part du grain qui est abondante et vaut peu
cependant ; son salaire n'est pas élevé, il est
petit même, malgré cette abondance ; pour
augmenter cette part, on est moins exigeant
sur le battage qui se fait moins bien ; le bétail,
d'ailleurs, profitera du grain qui restera dans
la paille. Les fourrages ont été rares, comme
cela vient d'avoir lieu ; le cultivateur veut lui-
même que le battage ne soit pas complet, pour
avoir dans la paille qui garde encore du grain

une nourriture dont son bétail a besoin. On
n'est point économe du blé, qu'on ne ménage
en aucune circonstance. S'agit-il du pain? on
ne l'épargne pas davantage; l'ouvrier lui-même
n'y regarde pas de près; il ne s'inquiète guère
que ses enfants gaspillent celui qu'on leur
donne. Dans les fermes, tout profite du bas
prix du blé, du pain par conséquent; la volaille
qu'on élève en plus grand nombre, et à laquelle
on le prodigue; le jeune bétail, auquel on le
donne largement; les chevaux qui, dans les
champs, reçoivent les tranches desséchées du
pain qui sert au déjeuner et au goûter des domestiques, etc., etc. Dire avec exactitude combien tout cela absorbe de blé en sus de la
nourriture réelle du pays n'est pas possible;
mais ce que je crois très-fermement, c'est
qu'entre la consommation en tout genre dans
une année d'abondance et la consommation,
non point dans une année de disette, de grande
privation par conséquent, mais dans une année
de prix assez élevé, il peut y avoir une différence de quinze millions d'hectolitres.

CONSOMMATION DANS LES ANNÉES OU LE PRIX DES CÉRÉALES
EST ÉLEVÉ.

Nous avons vu (et quand je dis vu, je parle
un langage exact), nous avons vu comment se
passent les choses dans les temps d'abondance ;
nous allons voir ce qui a lieu dans une année
de cherté (j'entends par là une année où le blé
se vendra, par exemple, 25 fr. l'hectolitre) : battage aussi complet qu'il est possible de le faire ;
attention non interrompue sur le blé, dont on
n'use que dans les cas indispensables ; pain mé-
nagé partout, retranché partout où il n'est
point nécessaire ; la nourriture humaine sur-
veillée de manière à éviter toute perte, et ren-
fermée dans les limites les plus étroites ; entrée
dans la consommation de grains qui n'y figurent
pas dans les années d'abondance ; économie
enfin partout aussi loin qu'elle peut s'étendre.

L'arithmétique, en ce cas encore, s'appuyant
sur le produit indiqué de la récolte d'un côté,
sur les besoins pour lesquels elle n'admet pas
de variations de l'autre, annoncerait un déficit

effrayant, que réduisent énormément les manières d'agir dont je viens de parler.

Quand ainsi l'abondance amène un emploi
large, presque immodéré, d'une denrée à bas
prix, dédaignée par conséquent; quand au
contraire la rareté, élevant le prix de cette
denrée, la rend précieuse et l'objet de la surveillance et des soins les plus assidus, cette différence de quinze millions d'hectolitres dans la
consommation d'une année à l'autre ne s'ex-
plique-t-elle pas? Les faits actuels ne sont-ils
pas en voie de la justifier? L'apparence de la
récolte en terre ne semble pas bonne; de là
cette augmentation si marquée dans le prix
du blé depuis quelque temps. Si nous avions,
comme on l'a dit et répété, un excédant de
cinquante millions d'hectolitres de blé, réduit
à quarante-cinq par l'exportation jusqu'à ce
jour, n'eussions-nous qu'une demi-récolte,
jointe à ces quarante-cinq millions, elle serait
plus que suffisante pour tous nos besoins. Je
ne prétends pas, en parlant ainsi, que nous
n'ayons en perspective qu'une demi-récolte;
j'amoindris par supposition notre production,

4.

pour montrer à quelle exagération involon-
taire, et, par suite, à quelle déception l'arithmétique, appliquée rigoureusement en pareil
cas, peut conduire, et comment, par ses in-
flexibles et faux procédés, elle peut ou inspirer
une confiance trompeuse ou aggraver l'inquié-
tude et la crainte, et troubler tous les intérêts.

IL NE FAUT AUCUN DROIT A L'ENTRÉE DES CÉRÉALES ÉTRAN-
GÈRES EN FRANCE POUR TOUTES SORTES DE RAISONS.

Résumant mon opinion longuement exposée
sur les céréales, je crois, malgré leur prix peu
élevé, qu'elles sont loin d'être cause de la gêne
de l'agriculture : voulût-on influer sur ce bas
prix pour le rendre meilleur, je ne crois pas
que cela soit possible ; la raison le dit, l'expérience d'un passé qui n'est pas loin le prouve.
A quoi bon alors l'établissement d'un droit qui
paraîtrait procurer au cultivateur un avantage
qu'il est incapable de lui donner? qui serait
censé le protéger quand il ne le protégerait
pas? qui porterait à croire et qui devrait porter
à croire qu'à son profit on fait payer le pain plus

cher qu'on ne le payerait sans ce droit, quand cela ne serait pas vrai? qui devrait l'empêcher de réclamer l'égalité de position et de traitement qui place chacun dans des conditions pareilles, dont il tire le parti que son intelligence, son habileté, son travail, son économie lui permettent d'en tirer? Si l'agriculture avait même un simulacre de protection, pourrait-elle décemment vouloir que la protection donnée à certaines industries disparût? Quand au contraire, comme aujourd'hui, tous ses produits sans exception sont exposés à la libre concurrence de tous les produits étrangers, n'est-elle pas fondée en raison, en droit, en équité, à demander qu'on ne la mette pas dans une condition d'infériorité en regard d'autres industries? En est-il auxquelles elle cède le pas en importance, en utilité, en nécessité? En est-il qui verse plus de salaires et sans intermittence sur un plus grand nombre d'ouvriers? Et quand précisément les bras lui font défaut, est-il bon d'aider en quelque sorte à cette rareté par des droits si élevés en faveur de certains produits qu'ils vont jusqu'aux trois dixièmes de la valeur

des objets? Si la protection qu'on a maintenue
est efficace, comme on croit sans doute qu'elle
l'est, pourquoi est-elle restreinte à quelques industries, qu'on peut bien appeler secondaires
quand on les compare à la nôtre? Si cette protection est sans valeur, devrait-on trouver de la
résistance pour l'empêcher de disparaître?

IL N'EST POINT DE REMÈDE AUX CAUSES PASSAGÈRES DES SOUFFRANCES DE L'AGRICULTURE.

J'arrive maintenant aux causes passagères
des souffrances de l'agriculture. Est-il quelque
moyen de les supprimer ou même de les atté-
nuer? J'avoue que je n'en vois aucun. Les insuccès, les mécomptes que nous éprouvons souvent, je pourrais dire toujours, sont inhérents
à notre industrie; comme ils ne dépendent pas
de nous et qu'ils viennent d'une cause supérieure à nos efforts et à nos volontés, une seule
chose est nécessaire quand ils arrivent : la rési-
gnation, seule capable d'adoucir les maux
qu'on ne peut guérir.

En est-il de même des causes permanentes?

Avant d'examiner cette question, voyons ce qui s'est fait jusqu'à ce jour, et tâchons d'apprécier les diverses mesures qu'on propose en notre faveur.

Il n'est point de gouvernement qui n'ait voulu la prospérité de l'agriculture; il n'en est pas qui puisse ne la point vouloir. L'agriculture, en effet, donne leur subsistance aux hommes, et le premier intérêt des gouvernements est que les peuples vivent. On peut donc être toujours certain de leur bienveillance et de leurs bonnes dispositions pour cette industrie indispensable, qu'on a raison d'appeler la première des industries, parce qu'elle est la plus nécessaire de toutes. Mais s'il est permis de compter sur le bon vouloir des gouvernements, il y a bien des raisons de croire aussi que l'agriculture trouvera, comme elle a toujours trouvé pour des raisons de bien des sortes, un grand nombre de personnes hors de son sein manifestant la

volonté et la prétention de lui venir en aide.
Qu'est-il résulté de tout cela jusqu'à présent?

Autrefois nous avons eu la loi de l'échelle
mobile, qui a fait ses preuves, et dont personne
aujourd'hui ne se déclare partisan.

DROITS PROTECTEURS.

Nous avions des droits jugés protecteurs de
la plupart de nos produits. Tous ces droits ont
disparu, et, il faut le dire, s'il n'est pas évident,
comme pour la loi de l'échelle mobile, que ces
droits étaient sans bon effet possible, il est con-
stant que nos denrées, déshéritées de toute protection, n'ont point subi de dépréciation. Quand
il est une denrée rare parmi nous, comme l'œillette aujourd'hui[1], la liberté d'importation sans
droits des produits oléagineux étrangers ne
l'empêche pas de monter jusqu'à 55 fr. par
hectolitre. Notre bétail, les produits accessoires de nos fermes, le beurre, les œufs, la
volaille, etc., sont loin d'avoir perdu de leur

---

[1] Ceci était écrit au mois de juillet 1866.

valeur ancienne. Des oscillations, des variations plus ou moins grandes dans les prix arriveront sans doute, comme on les a toujours vues; mais quelles que soient les causes de l'état actuel des choses, on peut dire avec vérité qu'il a trompé notre attente, et que nous le craignions autre qu'il ne s'est montré.

ABAISSEMENT DU PRIX DU SEL.

Il est une mesure dont l'adoption devait être pour l'agriculture une source d'énormes avantages; c'était l'abaissement du prix du sel : livre de viande pour livre de sel! c'était un axiome d'alors. Aussi, au congrès central, en 1846 je crois, demanda-t-on une grande diminution des droits auxquels le sel était soumis; et lors du vote sur cette proposition, en face d'une masse compacte d'approbateurs se trouvèrent..... trois opposants! Parmi eux était Gay-Lussac. On prétend que l'un de ces trois dit au moment où il se leva pour la contre-épreuve : « La vérité n'est pas toujours avec les gros bataillons! » Cela était vrai alors, comme cela l'est souvent ; les faits l'ont prouvé. Les droits sur le sel, par des motifs étrangers à l'agriculture, ont été réduits des deux tiers : quelle place sérieuse le sel a-t-il prise dans nos fermes ?

LES IRRIGATIONS.

Dans le même temps, on disait que si les irrigations étaient rendues possibles, l'agriculture serait transformée : le bétail augmenterait en nombre, le prix de la viande diminuerait, on aurait plus d'engrais, plus de blé, plus de fourrage, plus de bétail encore, plus d'engrais encore, plus de blé encore, etc., etc. Une loi sur les irrigations a été faite. Je suis loin de prétendre que ce soit une mauvaise chose, tout au contraire ; mais où sont les prodiges qu'elle devait opérer ?

LE CRÉDIT FONCIER.

On a cru que si l'agriculture n'était pas tout ce qu'elle devait être, c'est que l'argent lui manquait ; et avec la volonté de le mettre à sa disposition, on fit un établissement de crédit qu'on appela *foncier*, parce qu'il devait surtout avoir des clients dans les possesseurs du sol. On sait comment les choses se passent, et se passent heureusement; mais, à coup sûr, les clients du Crédit foncier ne sont pas dans l'agriculture.

ASSÉCHEMENT DES SOLS HUMIDES.

Un moment vint où c'était la mode (il y a des modes aussi en agriculture) d'attribuer un prodigieux effet à l'assèchement des sols humides et même de ceux qui ne le sont pas. Présumant que les cultivateurs étaient incapables avec leurs ressources d'opérer cet assèchement, qui devait être si fructueux, une loi mit à leur disposition cent millions de francs, qui devaient leur être donnés à des conditions déterminées. Quelle somme a été demandée et prêtée sur ces cent millions? Je l'ignore; mais j'affirme qu'elle a été minime, insignifiante.

Ce n'est pas, du reste, qu'il ne soit très-bon de débarrasser certains sols de l'humidité excessive qu'ils gardent trop longtemps, pourvu que les frais à faire pour cela ne soient pas exorbitants et ne dépassent pas les profits qu'on en peut recueillir. Mais ici, comme en toute autre circonstance analogue ou pareille, on tombe dans l'exagération, soit des avantages qu'on espère procurer, soit des travaux inintelligents qu'on fait pour obtenir ces avantages.

L'ENSEIGNEMENT AGRICOLE, LES CONCOURS.

Il y a longtemps déjà qu'il y a un enseignement qu'on appelle agricole, et depuis longtemps aussi existent les concours régionaux, qu'on a développés. Ils ne paraissent pas avoir été ni l'un ni l'autre les remèdes qui guérissent nos maux.

J'omets très-probablement des mesures adoptées avec l'intention d'être utile à l'agriculture; mais me bornant à celles que j'ai énumérées, ne puis-je pas dire qu'elles n'ont nullement atteint le but qu'elles voulaient toucher?

NOUVEAUX MOYENS DE SALUT POUR L'AGRICULTURE.

Se décourage-t-on dans la recherche des nouveaux moyens qui doivent nous soulager, bien
plus, nous enrichir? Jamais temps n'a été si
fécond en mesures de salut pour nous que le
temps actuel.

LE CODE CIVIL A RÉFORMER.

Tantôt c'est le Code civil qu'il faut boulever-
ser à notre intention ; nous ne nous arrêterons
point à de pareilles idées que nous ne pouvons
prendre au sérieux, quelles que soient les sources d'où elles sortent.

ON PEUT TOUJOURS RÉCOLTER TRENTE-CINQ HECTOLITRES DE BLÉ PAR HECTARE.

On nous offre d'un autre côté le moyen de
tirer au moins trente-cinq hectolitres de blé par
hectare de terre, blé qui ne nous coûtera que
dix francs par hectolitre ; et l'on conçoit alors
quels immenses avantages doivent en résulter
pour nous, avantages tels que l'imagination

n'ose s'y arrêter! Quatre millions d'hectares
nous donneront tout le blé nécessaire à la
nourriture du pays, plus un excédant *régulier*
de dix à quinze millions d'hectolitres, que nous
enverrons en Angleterre; le surplus des terres
dont nous tirons du blé nous donnera du bétail
destiné 1° à payer les deux cents millions, prix
de la laine que nous importons aujourd'hui en
France; 2° à fournir la viande dont le Midi
manque, et dont le prix est trop élevé dans le
Nord[1]. On le voit, si l'agriculture ne devient
pas la plus lucrative, la plus recherchée des industries, c'est qu'on sera bien aveugle ou de
bien mauvaise volonté; aussi, ai-je peur que
les merveilleuses perspectives qu'on nous offre
n'attirent pas de monde, et qu'on ne soit guère
séduit par les appâts présentés. Nous éprouvons
dans la production, après les mêmes travaux
et les mêmes soins, des variations qui vont du
simple au double. Les productions moyennes
de trente-cinq hectolitres de blé par hectare,
nous ne les connaissons pas; il nous arrive tout

[1] *Moniteur* des 24, 25 et 26 mars 1866.

au plus de les trouver par exception sur quelques terres dans des années favorables, et quand
cette moyenne est de vingt-cinq hectolitres, nous
la proclamons bonne, excellente ; mais nous
l'avons vue aussi réduite de moitié et de plus,
sans qu'il y eût de notre faute. Or si, nous bornant à cultiver quatre millions d'hectares en
blé, une récolte de douze hectolitres et de moins
par hectare survenait, comme cela s'est vu et
comme cela se verra sans doute, que deviendrait le pays? que deviendrait l'agriculture elle-
même? Je n'en veux pas dire plus sur ce moyen
de salut, présenté avec tant d'assurance.

IL FAUT DES MOYENS DE TRANSPORT PLUS PARFAITS.

On trouve encore que ce qui nous manque
ce sont des moyens de transport plus parfaits,
et que, quand nous aurons de bons chemins,
des cours d'eau en bon état et plus de voies ferrées, nous tirerons de nos produits tout le parti
que nous pouvons souhaiter.

Je crois qu'on exagère beaucoup pour l'agriculture l'importance des transports par eau ou

par chemins de fer. Les voies d'eau ou de fer nous servent sans doute; mais si l'on veut savoir surtout à qui elles profitent, qu'on examine la valeur des denrées agricoles ainsi transportées et la valeur des objets qui circulent pour le commerce et l'industrie, et l'on verra que si les premières se comptent par centaines de millions, les autres se comptent par milliards. Nier du reste que les chemins vicinaux bien entretenus soient utiles à l'agriculture est chose dont je ne crois personne capable; mais croire que ces mêmes chemins doivent aider beaucoup à sa prospérité est à coup sûr une erreur. Oui, les chemins, les bons chemins, nous sont d'une incontestable utilité; mais leur commodité est au moins aussi grande que leur utilité, et j'appellerais volontiers les bons chemins vicinaux le luxe de l'agriculture, luxe qui, comme tout autre, est coûteux et fort coûteux, mais qui, à la différence des autres luxes, a du moins un côté avantageux, durable. Qu'on veuille bien savoir ou se rappeler que nos produits, énormes quand ils entrent dans la ferme, sont singulièrement réduits quand ils sont marchandise.

J'ai été cultivateur vingt ans avant qu'on s'occupât des chemins vicinaux; je les ai donc connus dans leur état ancien : certes ils n'étaient pas toujours commodes, et cependant nous venions aisément à bout de toute notre besogne en tout temps. Il est vrai que sous bien des rapports nos productions étaient moindres qu'elles ne sont maintenant; mais il ne faut pas oublier que l'hiver nous n'avons guère que des fumiers à transporter de la ferme aux champs, et que la gelée presque toujours nous vient en aide pour ce travail. Quand aujourd'hui la gelée nous fait défaut, si nous voulions faire nos charrois de fumier sur nos chemins humides et peu solidement établis, nous les défoncerions vite et les rendrions impraticables, et cela se voit quelquefois de la part de certains cultivateurs déraisonnables qui, pour se donner une satisfaction égoïste, effondrent en quelques jours nos chemins.

Voulions-nous l'hiver conduire du grain au marché? Ce n'était quelquefois pas facile; mais comme hommes et chevaux alors étaient sans occupation, ainsi qu'ils sont encore souvent

5

aujourd'hui, six, huit chevaux menaient avec
peine ce que sur de bons chemins quatre auraient facilement traîné ; mais cela ne nous
coûtait rien, car, je le répète, nos domestiques
et nos chevaux auraient été oisifs sans cela.

Je serais peu surpris qu'on m'accusât de
n'aimer point les bons chemins, parce que
j'apprécie sans engouement leur mérite et leurs
avantages, avantages plus grands pour nous
aujourd'hui qu'ils n'ont jamais été à cause de
la betterave, avantages que tous nous nous
efforçons d'accroître ; mais quand on prétend
que l'agriculture doit trouver la prospérité qui
lui manque dans le développement coûteux de
meilleures voies de circulation et de transport,
ne me sera-t-il pas permis de dire et de montrer
qu'on se trompe ? Car si la prospérité doit se
trouver là, comment se fait-il qu'avec des routes
et des moyens de transport bien supérieurs à
ceux que nous avons connus, nous en soyons
venus avec grande raison à ces plaintes qui se
sont élevées de toutes parts, plaintes telles
qu'elles n'ont jamais été plus nombreuses et
plus vives ? Ils n'ont donc pas cette vertu qu'on

leur prête ; encore un coup, ils ont une utilité réelle, ils offrent les commodités les plus grandes, mais ils sont impuissants à nous donner un soulagement difficile à obtenir, je le sais bien, mais qui, s'il peut nous échoir, devra nous arriver d'ailleurs.

CE QU'IL FAUT A L'AGRICULTURE, CONTINUE-T-ON DE DIRE, C'EST DE L'ARGENT.

On continue de croire que ce qui manque surtout à l'agriculture c'est l'argent, qui, facilement mis à sa portée, sera pour elle un notable bienfait. Si le succès, dit-on, a manqué jusqu'ici aux efforts faits pour le lui procurer, ce n'est point un motif de se décourager, et l'on doit chercher et trouver les moyens de l'aider par le crédit qu'elle obtiendra enfin.

Et d'abord, quelle idée a-t-on de la position de l'agriculture ? Ce n'est point un métier qui s'improvise ; il n'est pas possible de le faire, si l'on n'est tout au moins possesseur, pour une grande partie, du mobilier dont on a besoin, et le mobilier agricole est toujours considérable, relativement au sol qu'on exploite. Et l'on

5.

semble penser que le cultivateur, après un certain nombre d'années de culture, n'aura rien tiré du capital qu'il a ainsi placé dans sa ferme! n'aura pas fait la plus petite économie qui lui permette d'acheter des choses indispensables au succès de son laborieux métier! n'aura pas assez de crédit personnel pour se procurer à un moment donné ce qui pourrait lui manquer de ce côté! Certes, l'agriculture n'est point éclatante de prospérité! Mais elle n'est point réduite à cet état de détresse que supposerait l'opinion dont je viens de parler, état qui prouverait que le métier de cultivateur est non pas le plus ingrat, mais le plus inepte des métiers. Eh bien, oui! je crois que l'agriculture en général a fait et fait des économies; qu'elle a pu tirer ne fût-ce que *deux pour cent* du capital qu'elle a fait valoir; je crois qu'en général elle ne manque pas de l'argent nécessaire, et quand on veut chercher à lui procurer celui dont elle est censée avoir besoin, on ne l'aidera pas parce qu'on n'aura pas mis le doigt sur la plaie et appliqué le remède au mal.

Mais d'ailleurs comment et à quelles conditions espérerait-on mettre le crédit à portée de l'agriculture ? Sans doute par un établissement fonctionnant comme ceux que nous connaissons et qui avaient été institués pour l'avantage du cultivateur, avantage qu'ils n'ont pu procurer. Exigerait-on des garanties hypothécaires ? Ce ne serait pas sans frais, allant tout d'abord de 2 à 5 pour 100 du capital emprunté ; mais alors, quelle économie trouverait-on à demander à cet établissement de l'argent, plutôt qu'à un particulier voulant hypothèque ? A quel taux prêterait-on ? Établirait-on des annuités comprenant intérêt et capital, et devant libérer l'emprunteur après trente ou quarante ans ? Mettons cette durée de côté (elle a bien son importance cependant). Quel pourrait être le taux de chaque annuité ? Serait-il de 6, de 6 1/4, de 6 1/2 ? Mais si le cultivateur ne tire que de 2 à 5 pour 100 du capital mis dans sa culture, il lui faudrait à peu près le produit de trois capi-

taux pour payer la rente d'un seul, et s'il avait
fait un emprunt considérable, un emprunt re-
présentant le tiers de sa fortune nette, c'est à
peine s'il parviendrait chaque année, avec le
produit de toute cette fortune, à acquitter sa
dette. Faudra-t-il qu'il paye à époque fixe? Sans
doute, car l'établissement de crédit devrait, lui
aussi, à époque fixe l'intérêt du capital qu'il
aurait reçu et prêté, et il ne pourrait donner
s'il ne recevait pas. Mais le cultivateur ne paye
pas, ne peut pas payer ainsi. Il a compté sur
une récolte de colza, par exemple : elle lui fait
défaut ; sur ses laines : elles se mévendent avec
difficulté ; sur ses œillettes, sur ses betteraves, etc., etc. : tout cela ne répond pas à son
attente ou la trompe. Mais alors, comment
payera-t-il? Et s'il ne paye pas, que lui advien-
dra-t-il? Ses biens seront-ils mis sous séquestre
d'abord, pour être vendus ensuite, après des
formalités fort courtes, s'il n'a pu satisfaire à
ses obligations? Car c'est ainsi qu'on procède
au Crédit foncier, qui avait été fondé comme
devant servir surtout l'agriculture. Ne peut-on
pas justement répéter ici ce que disait autrefois

le comice de Péronne : que le cultivateur trouverait sa ruine là où il aurait cherché son
soulagement? Du reste, s'il s'offre d'autres com-
binaisons meilleures que celles connues, atten-
dons-les; mais quelles qu'elles soient, croyons,
et nous ne serons pas trompés, qu'elles seront
sans bonne application à l'agriculture, qui n'a
pas tous les besoins qu'on imagine.

L'ENSEIGNEMENT AGRICOLE.

Il reste encore une grande ressource présu-
mée, l'enseignement agricole, avec des établis-
sements spéciaux d'abord, puis partant des
lycées pour aboutir à l'école primaire; vaste
réseau qui enserrera tous les individus dont
aucun n'échappera ainsi aux lumières dont on
veut l'inonder.

Une première idée s'offre à mon esprit; le
nombre des cultivateurs vraiment habiles n'est
pas bien grand, et ils ne sont et ne peuvent être
habiles qu'après une longue pratique; et nous
allons avoir partout des professeurs d'agriculture improvisés, c'est-à-dire des hommes qui,

précisément parce qu'ils seront maîtres, devront être les plus capables de ceux qui s'oc-
cupent d'agriculture! Et d'où leur viendra cette
capacité? Des livres sans doute où ils l'auront
facilement puisée! car il y a des livres apparemment qui renferment cette science que nous ne
savons point y prendre ou plutôt que nous re-
poussons, puisqu'elle s'offre à nous sous une
forme si facile à saisir! Il faut avouer, s'il en est
ainsi, que nous méritons bien l'opinion si peu
flatteuse, si dédaigneuse qu'on a de nous! Quoi!
voilà une science, une science infaillible, une
science qui doit être la nôtre! nous n'avons que
la peine de nous baisser en quelque sorte pour
la recueillir et nous ne le faisons pas! Ah! ne
sommes-nous pas les plus routiniers, les plus
entêtés, les plus sots des hommes? Et nous
sommes cela quand il s'agit pour nous de la
fortune que nous demandons à un travail inin-
telligent et stérile, quand il nous est loisible de
la trouver dans un travail qu'on sait rendre
aisément fécond! Mais si nous faisons si peu de
cas de cet enseignement agricole, si nous le re-
gardons même comme un danger, n'aurions-

nous aucun motif de notre opinion, de notre répulsion? Nous ne pouvons mieux faire à cet égard que de rapporter le langage d'un vieux cultivateur à un jeune homme qui lui demandait son avis sur ce sujet.

L'ENSEIGNEMENT AGRICOLE N'EST PAS UTILEMENT POSSIBLE.

Mon jeune ami, disait-il, vous voulez savoir ce que je pense de l'enseignement agricole, auquel vous semblez disposé à recourir; je vous le dirai sans réserve, et je vous donnerai les causes de mon sentiment.

Lorsque j'étais sans expérience, il y a long-temps de cela, j'ai pu croire à la bonté, à l'efficacité de cet enseignement; mais à mesure qu'avançant dans la vie j'avançais aussi dans la pratique et la connaissance du métier de cultivateur, que j'ai toujours fait, mes idées n'ont plus été les mêmes, et j'ai acquis la conviction, qui se fortifie en moi chaque jour, que si cet enseignement était possible, il ne pouvait être bon.

Une première chose après réflexion m'a

frappé, c'est la différence qui existe entre la science, l'art ou le métier agricole (car il y a de tout cela dans l'agriculture), et toutes les autres sciences, tous les autres arts, tous les autres métiers.

Les sciences s'enseignent et s'apprennent d'une façon absolue. S'agit-il de chimie? elle a, comme la physique, comme les mathématiques, etc., etc., des règles certaines, qui, convenablement appliquées, amènent infailliblement le résultat voulu : et ce résultat se reproduira toutes les fois que les mêmes procédés seront exactement employés. En agriculture, vous n'avez rien de pareil : est-il une seule de ses opérations dont on puisse d'avance sûrement connaître les conséquences quelque chose qu'on fasse, à quelque moyen qu'on ait recours?

S'agit-il des arts? là le succès n'est pas le même, en ce sens que le talent ou le génie mettent leur marque aux œuvres qu'ils engendrent : mais la toile, le marbre, la pierre, etc., vous donneront toujours, avec des mérites divers il est vrai, ce que vous aurez appris à leur

demander; et quand il vous plaira d'avoir une
montagne, vous n'enfanterez pas une souris.
En agriculture au contraire les effets les plus
disparates, les plus contradictoires, ne viennent-
ils pas à la suite des mêmes opérations dans des
conditions identiques? Que de fois la souris
arrive au lieu de la montagne cherchée!

Voulez-vous apprendre un métier? vous l'apprendrez plus ou moins promptement, plus ou
moins bien, selon votre aptitude; mais vous
parviendrez à le savoir; et quand vous l'aurez
su, vous produirez en le pratiquant ce qui doit
sortir de ce métier; et vous le produirez avec
certitude autant de fois que vous le voudrez.
En agriculture, tout n'est-il pas incertain? Le
même travail, dirigé vers un même but, ne le
manque-t-il pas bien souvent?

Il n'est pas de cultivateur qui n'ait souvent
éprouvé la vérité de ce que je viens de dire. Si
donc l'enseignement agricole était sérieusement
possible, il devrait revêtir une forme qui ne
serait celle d'aucun autre enseignement : partout ailleurs on dit : Faites ceci, et vous aurez
cette conséquence : notre professeur, lui, devrait

tenir d'abord ce langage : Tout ce que je vous enseigne *sera ou ne sera pas*. Singulière instruction, n'est-ce pas? Mais n'y a-t-il pas bien d'autres difficultés encore, pour ne pas dire des impossibilités?

La terre, que j'appellerai le métier du cultivateur, offre dans sa composition des variétés infinies qui demandent des traitements quelquefois opposés : l'œil peut distinguer assez bien les nuances de chaque sol ; mais ces nuances sont loin d'indiquer les propriétés de chacun d'eux : il en est qui avec une même apparence ont une puissance naturelle de production bien différente : comment l'apprendre, comment le connaître? Et cela importe beaucoup ; car chaque espèce de terre est plus spécialement propre à certaines productions, qui n'ont chance de bien venir, ou même de venir que là où le sol leur convient.

D'un autre côté, des sols parfaitement les mêmes ont été soignés et traités de la manière la plus dissemblable, en sorte que leur fécondité n'a rien de pareil : leur demander les mêmes productions avec l'espoir d'un égal produit serait presque de la folie : comment discerner ces états divers ?

Autre chose ; et ce serait sans fin. Les plantes qui se succèdent dans un terrain quel qu'il soit ne le font avec avantage qu'à la suite d'autres plantes, dont la production antérieure ne se manifeste par aucun indice. Il en est ne revenant bien à la même place qu'après un intervalle plus ou moins long, variable selon la nature des sols : vous pourrez savoir tout cela ; mais comment aurez-vous appris à l'appliquer convenablement ? Et si l'usage du sol sur lequel vous serez placé ne vous livre, après un long temps, le secret de tout ce qu'il est, à quoi vous serviront les connaissances théoriques que vous aurez peut-être ? Ces connaissances, du reste, il n'est pas besoin d'école pour les avoir ; le plus simple cultivateur les possède.

Votre père, mon jeune ami, si vous savez l'écouter, vous mettra bien mieux au courant de toutes ces choses, qu'on ne pourra jamais le faire ailleurs ; et lui seul vous apprendra à les appliquer utilement.

Mais, hélas ! savez-vous ce que vous apprendrez le mieux dans une école d'agriculture? ce sera le mépris de tout ce que nous faisons : ce sera une immense confiance en vous-même, sentiment auquel on cède si facilement dans la jeunesse ; je ne l'ai point oublié ; sentiment qu'il faut essayer d'amoindrir et de restreindre au lieu de le nourrir et de l'exalter ; sentiment qui, quand vous mettrez la main à l'œuvre, vous égarera pendant dix ans peut-être avant que vous repreniez la bonne voie, la voie généralement battue.

Je sais que vous avez maintenant une grande confiance dans la chimie, et que vous la croyez capable de révéler tous les mystères que je viens d'exposer. Mon jeune ami, je ne veux point médire de la chimie ; c'est une belle et vaste science, qui a grandement étendu son empire depuis un demi-siècle : mais comme tous les conquérants elle porte son ambition au delà des bornes légitimes, et elle veut envahir des espaces qui ne lui conviennent pas : lui conviendront-ils un jour? Je n'en sais rien ; mais je ne le crois pas : je crois qu'il y a dans la création des choses que nous voyons, que nous

sentons, mais qui seront toujours des mystères
pour nous. Et sans sortir de notre sujet, prenons les végétaux, et ce qu'en dit la chimie :
suivant elle, ils sont composés d'hydrogène,
d'oxygène et de carbone : mais avec ces éléments la chimie est-elle capable de former le
moindre des végétaux? Pourquoi chacun de ces
végétaux est-il pour ainsi dire parqué dans son
espèce? Un noyau de prune n'engendre point
un cerisier; un pepin de pomme ne produit
pas un poirier : qu'est-ce qui fait dans chaque
espèce cette fixité? La chimie le sait - elle?
A-t-elle démêlé dans la terre la substance propre à chaque plante, qui va toujours l'y chercher sans altération et sans erreur au milieu
des innombrables substances qui conviennent
à l'infinité des végétaux? Ou si c'est la même
substance qui sert à l'entretien de tous, con-
naît-elle comment chacun d'eux, après l'avoir
prise, en tire, en se l'appropriant et en l'élabo-
rant, cette variété infinie de produits, ayant
chacun leur goût, leur forme, leur couleur,
leur qualité propre? Il y a dans les végétaux ce
que j'appellerai leur âme, faute d'une autre

expression qui rende ma pensée; et cette âme échappe à la chimie comme celle de l'homme.

Aux éléments des végétaux, les êtres organisés en joignent un quatrième, l'azote: avec tout cela est-on capable de faire un être organisé? Là encore, comme dans les plantes, fixité dans les espèces; ou si l'une d'elles, analogue à une autre, parvient avec elle à créer un métis, ce métis n'a plus le don de reproduction.

La chimie connaît la matière inerte dans ce qu'elle a de sensible; mais la partie vivante ou végétative lui échappe. Et quand je dis qu'elle connaît la matière inerte, cela est-il toujours vrai? On est parvenu à brûler le diamant, et à trouver les éléments ou plutôt l'élément bien simple qui le compose, le charbon; mais a-t-on pu, peut-on refaire le diamant? Non! Ce je ne sais quoi, l'âme du diamant s'est envolée dans sa décomposition; et au lieu d'une matière précieuse à nos yeux, formée par la nature, il ne reste qu'une matière vile et sans valeur aucune. C'est que dans les éléments des choses un atome de plus ou de moins change tout un composé: cet atome, on ne sait quel il est, d'où

il vient, où il va : et s'il n'était quelquefois manifeste, on ne saurait même s'il existe; car
il n'en reste pas trace : que sont les odeurs
qu'exhalent sans fin des végétaux ou des liqui-
des, lesquels ne perdent rien de leur substance
dans cette incessante émission?

Je ne songe jamais à tout ce que je viens de
dire sans que l'idée du Créateur occupe mon
esprit : Dieu est un mystère, que me révèlent
clairement tous les mystères au milieu desquels
je suis, mystère moi-même aussi grand que
tous les autres.

Non, mon jeune ami, non, il n'est point de
science aujourd'hui qui vous donne les connaissances indispensables à l'agriculture; vous
ne les recevrez que de l'expérience et de la
tradition.

Je vois avec peine nos jeunes cultivateurs,
désertant les lettres, se livrer à l'étude de ce
qu'on appelle les sciences indispensables à certaines professions, à certains métiers, qui ne
peuvent s'exercer sans elles, mais qui sont bien
loin d'être réclamées par l'agriculture.

Non qu'en elle-même je désapprouve cette

6

étude, il est toujours bon de savoir, et mieux
encore de connaître la valeur de son savoir.
Mais quand on a fait ainsi des sciences sa principale occupation, son principal mérite, on a
négligé le moyen le plus sûr d'élever graduellement son intelligence, et de la porter aux
limites qu'elle peut atteindre.

Les sciences ont cet attrait qu'elles frappent
et émerveillent les yeux du vulgaire, surpris
par des effets qui lui semblent des prodiges : et
l'on excite facilement une admiration qui enfle
l'amour-propre et l'excite outre mesure. Mais
dans le cours ordinaire de la vie agricole quelle
est l'utilité de ces sciences? Elles risquent d'é-
garer, comme elles égarent bien souvent parce
qu'on en veut faire une application prétentieuse
là où cette application n'est pas possible; et l'on
arrive ainsi souvent à des mécomptes, ce qui
est peu de chose ; et quelquefois à la ruine, ce
qui est bien plus grave. Une fois apprises, elles
sont de suite au plus haut degré qu'elles obtien-
dront : en sorte que, touchant à peine à la jeunesse, on est arrivé à l'apogée de ce qu'on
saura de ce côté! Et puis je crains qu'elles

aient cet effet malheureux d'attacher les esprits aux choses matérielles, et de les y absorber. Quand on a été conduit à certains résultats, tient-on toujours compte de ce qui est au delà de ces résultats? Je vous parlais tout à l'heure des végétaux et de ce que la chimie y trouve : va-t-elle toujours plus loin que son creuset? Et sait-elle reconnaître ce qui n'y reste pas? Je le souhaite; mais j'ai bien peur qu'il n'en soit pas ainsi.

Les lettres que vous avez étudiées, grâce à la sage et ferme volonté de votre père, les lettres si bien nommées *humanités*, parce qu'elles s'a-daptent merveilleusement à la nature humaine, sont une véritable culture qui en prépare le développement intellectuel le plus complet. Elles remuent pour ainsi dire toutes les parties de notre intelligence, et les disposent à une croissance qu'on sent à mesure qu'on avance dans la vie; elles dirigent l'esprit et le cœur vers ces sphères élevées où ils tendent d'eux-mêmes. Ce n'est point une aptitude spéciale qu'elles forment, c'est le germe de toutes les aptitudes de l'homme qu'elles fécondent; et

6.

quand, suivant nos goûts ou notre raison, nous
nous appliquons plus particulièrement à une
chose, nous la voyons aussi bien qu'il a été
donné à notre intelligence aiguisée de le
faire.

Mon jeune ami, vous serez cultivateur comme
l'ont été vos pères : vous payerez d'abord tribut à
l'inexpérience et à la présomption, comme nous
l'avons tous payé, comme le payeront ceux qui
viendront après nous : mais quand vous serez
fixé dans la bonne voie, ce qui arrivera promptement, grâce aux heureuses dispositions de
votre esprit cultivé, vous irez d'un pas lent,
mais sûr, aussi loin qu'il vous sera possible d'y
marcher; et, quelle que soit votre intelligence,
vous trouverez à l'exercer et à la satisfaire dans
l'agriculture : vous comprendrez alors qu'elle
s'apprend, mais qu'elle ne s'enseigne pas.

QUELS SONT LES MOYENS D'ALLÉGER LES SOUFFRANCES DE L'AGRICULTURE?

Revenons enfin aux causes, permanentes selon nous, des souffrances de l'agriculture, et

voyons s'il est quelques moyens de les adoucir,
sinon de les faire cesser.

RÉTABLISSEMENT DE LA LOI QUI FACILITAIT LES ÉCHANGES DE PROPRIÉTÉS CONTIGUËS, MOYENNANT UN DROIT FIXE PEU CONSIDÉRABLE.

Il me serait facile d'ajouter un projet de plus
à tous ceux mis en avant pour notre guérison,
bien plus pour transformer en une santé constamment florissante le mal qui nous inquiète
et nous mine ; mais je ne crois pas la situation
si aisée à changer, ni même à modifier sensiblement. Sans doute il est certaines parties auxquelles on peut donner un remède efficace. J'ai
signalé l'augmentation des frais de culture ame-
née par les chemins ferrés, qui, coupant les
terres, en ont éloigné certaines parties de leur
lieu d'exploitation. Qu'on refasse une ancienne
loi, qui soumettait à un droit fixe très-peu
élevé les échanges de propriétés contiguës, et
l'on facilitera ainsi des réunions véritablement
utiles à l'agriculture. Je sais bien qu'on a abusé
de cette loi, et qu'on l'a fait servir, au détriment

du fisc, à ménager des frais d'acquisition considérables ; mais il serait certainement facile de
parer à cet inconvénient.

DIMINUTION DES DROITS D'HYPOTHÈQUE, ET TRANSMISSION PEU COUTEUSE DES CRÉANCES HYPOTHÉCAIRES.

On se plaint avec raison, selon moi, de la
dépense, qui n'est pas petite, occasionnée par
les prêts hypothécaires, et des frais pour transmission des créances qui en résultent, frais
égaux à peu près à ceux de la constitution
d'hypothèque même. Cela a pour effet de mettre
obstacle aux emprunts de cette nature, et d'é-
loigner du pays des capitaux qui y resteraient
s'ils pouvaient trouver un placement sûr pour
le prêteur, et peu coûteux pour l'emprunteur ;
un abaissement considérable des droits d'enre-
gistrement, et la suppression de tout droit pour
la transmission faciliteraient les prêts qui se
font de cette manière. Ce serait, du reste, la
réalisation d'un projet remontant à quinze ou
seize ans, projet que les événements ont empêché de devenir loi.

En proposant cet allégement de charges, je crois faire une chose juste, surtout quand je vois ce qui a lieu pour les valeurs mobilières qui se vendent à la bourse : une action, une obligation, etc., sont-elles autre chose que des créances d'espèces particulières? Que coûte leur transmission? une somme insignifiante : et cependant l'agent de change qui l'opère est un officier ministériel donnant l'authenticité par son intervention à la mutation qui se fait. Pourquoi ces droits à peine sensibles d'un côté? Pourquoi cette lourde charge de l'autre? La justice, l'égalité, ne réclament-elles pas un traitement pareil?

Il y a, je le sais, un autre côté de la question, et je n'hésiterai pas à le voir : l'abaissement, la quasi-suppression même de droits que je demande amoindrira les revenus du fisc; comment suppléer à cette réduction, impossible, dit-on, si l'on ne trouve le moyen de combler le vide qu'elle fera dans le trésor?

Chaque année les rentrées de l'État augmentent, et leur accroissement atteint un chiffre considérable; et chaque année, au lieu de dé-

grever une partie quelconque de nos charges,
les augmentations de revenu amènent et sol-
dent des dépenses nouvelles : et c'est surtout
aux travaux dits d'utilité publique qu'on croit
devoir les consacrer pour la plus grande partie. On attribue à ces travaux une fécondité de
bien-être qui se répand partout, et qui entre-
tient cette source d'où sortent incessamment
de nouveaux produits pour l'État. Je n'exami-
nerai pas si ces travaux ont toute l'efficacité
qu'on leur attribue, et si la croyance où l'on
est que c'est d'eux que viennent ces augmentations de revenu est suffisamment fondée.

Nous avons cru longtemps, et cette foi est
bien loin d'être éteinte partout, que la loi sur
l'entrée et la sortie des blés, la loi dite de l'échelle
mobile, nous était favorable. Sa suppression ne
changera rien à la position qui était la nôtre
sous son empire; ou si quelque changement a
lieu, ce sera pour notre avantage, c'est une certitude en moi. Ne se pourrait-il pas que cette
opinion dont je parle sur l'accroissement des
revenus indirects, dû aux travaux publics, fût
un préjugé comme l'était le nôtre sur les effets

de la loi de l'échelle mobile? Et ne serait-il pas plus simple et plus vrai de reporter la cause de cet accroissement à l'élévation considérable du taux des salaires et au désir immodéré de bien-être qui nous a généralement envahis?

LES MOTS MORAL, MATÉRIEL, TOUJOURS ACCOUPLÉS, MAIS LES CHOSES QU'ILS EXPRIMENT MARCHANT D'UN PAS BIEN INÉGAL.

J'ai vu depuis bien longtemps ces deux mots, *moral, matériel*, toujours accouplés, comme si les choses qu'ils expriment devaient marcher et marchaient de conserve; mais il s'est fait entre elles une bien grande distance : les intérêts matériels, les satisfactions matérielles ont été à pas de géant et laissé bien en arrière ce qui touche aux intérêts moraux tout au plus sta-tionnaires, s'ils ne sont rétrogrades.

LES DÉGRÈVEMENTS DEMANDÉS COMPENSÉS PAR LE RETRAN-
CHEMENT DES SOMMES RÉCEMMENT ALLOUÉES AUX TRAVAUX
PUBLICS.

Si les quasi-retranchements de droits pro-
posés, si l'abaissement de quelques-uns de ceux
qui grèvent les successions et les ventes produi-
saient un vide dans le trésor de vingt-cinq millions, par exemple, de plus même, et que pour
le combler on retranchât aux travaux publics
les sommes qu'on y a récemment ajoutées, en
assignant aux travaux en cours d'exécution,
sans en entreprendre de nouveaux, les mêmes
sommes qui leur étaient consacrées, leur confection n'éprouverait aucun ralentissement,
et s'ils devaient en subir un léger, où serait
le grand mal qu'on fît en cinq ans ce qu'on
veut faire en quatre, et qu'on a hâte de faire
par des raisons qui pourraient bien n'être pas
justes, qui, selon ma conviction, que je donne
pour ce qu'elle est, ne le sont pas?

C'EST AUX CONTRIBUABLES QUI VEULENT VOIR RÉDUITES LES DÉPENSES QU'ON MET A LEUR CHARGE A EMPLOYER LES MOYENS QU'ILS JUGERONT EFFICACES POUR CELA.

Les causes de dépenses qui sont entre les mains du cultivateur sont sa propre affaire; et s'il lui plaît d'étendre ces dépenses avec exagération, qu'il ne s'en prenne qu'à lui-même de la modicité plus grande de ses épargnes, de la gêne peut-être qu'elles lui imposeront.

J'ai montré précédemment à quel point ont monté les dépenses des communes, de 1836 à 1862 : depuis cette dernière époque, elles se sont élevées encore, et je les crois en voie où elles ne s'arrêteront pas aisément. Si les contribuables trouvent qu'il serait bon de les limiter, c'est à eux de demander à tous ceux qui veulent les représenter à tous les degrés leurs dispositions à cet égard, et de ne se déterminer qu'en faveur des engagements d'être résolûment et sagement économes. Sans doute ces contribuables pourront n'avoir pas la puissance de réaliser leurs intentions; mais ils auront fait au moins une tentative qui ne sera pas sans fruit, on peut en être sûr. Je crois du reste que, s'ils savaient vouloir avec ensemble et union, ils auraient pour le bien public, dans lequel le leur se confond, une force qu'ils n'ont pas encore connue.

LES OCTROIS, ET LEURS EFFETS PRÉSENTS ET A VENIR.

Les octrois, source abondante, principale, des revenus des lieux où ils existent, sont en très-grande partie payés par les produits de l'agriculture et du sol. Je ne viens point ici demander la suppression ou même la réduction de ces droits ; je veux seulement émettre quelques réflexions qu'ils ont éveillées en moi.

Si les revenus des octrois servent pour partie aux dépenses des localités qui les perçoivent, ils servent aussi à donner là l'instruction primaire gratuitement, à fournir, au besoin, des ressources aux hospices, à établir des salles d'asile, à doter les bureaux de charité, à dispenser de l'impôt des prestations, etc. ; et voici pour nous les conséquences actuelles ou les

conséquences probables de tout cela. L'on dit,
ou l'on dira entre autres choses : Si l'instruction
est donnée gratuitement en certains lieux, pourquoi ne serait-elle point donnée ainsi partout?
Dans un pays d'égalité comme le nôtre, conçoit-
on et peut-on tolérer ces inégalités choquantes,
et n'est-ce point un devoir de les faire disparaître? En sorte qu'après avoir contribué à rendre
l'instruction gratuite là où l'on a des droits
d'octroi que nous payons, nous aurons, bien
malgré nous, il est vrai, fourni un argument
pour que cette même instruction soit gratuite
partout; et nous serons chargés deux fois d'assurer cette gratuité.

LES HOSPICES, LES BUREAUX DE CHARITÉ, LES SALLES D'ASILE, ETC., DOTÉS PAR LES OCTROIS.

Les hospices où l'on reçoit les malades traités
sans frais pour eux; les bureaux de charité faisant des distributions abondantes de toute sorte
aux indigents ou réputés tels; des salles d'asile
où sont soignés et reçus de jeunes enfants qui
laissent ainsi à leurs parents toute facilité de

faire ce qui leur convient, l'exonération de
l'impôt des prestations, etc., ne sont-ce pas autant d'appâts offerts aux habitants, aux ouvriers
des campagnes, où se font des vides fâcheux,
sans avantage pour personne et avec dommage
pour la société?

LA CHARITÉ EST UNE ADMIRABLE CHOSE ; SON EXAGÉRATION MAUVAISE COMME TOUTES LES EXAGÉRATIONS.

Certes la charité, c'est-à-dire l'amour et la
bienfaisance, est une admirable chose : elle est,
je le répète, au fond du cœur de l'homme, pour
soulager des besoins réels, pour les satisfaire
s'il se peut. Mais son exagération, comme celle
de toutes les choses humaines, est un mal :
et cette exagération, je la crois bien près d'exister, ou plutôt je crois qu'elle existe dans les
villes. Là se trouvent concentrées en grand
nombre des personnes riches, souvent désœu-
vrées, trouvant dans l'exercice d'une fonction
charitable une occupation, la seule qu'elles
aient : elles s'y livrent par amour du prochain,
par humanité sans doute; mais un peu aussi

peut-être pour échapper au fardeau, à l'ennui
d'une constante oisiveté. Et puis la vanité arrive
(où ne se loge-t-elle pas?), qui fait mesurer le
mérite de chacun à l'abondance des ressources
qu'il aura trouvées et recueillies en dehors de
celles régulièrement mises à sa disposition : sa
popularité augmente par leur large distribution,
et pour que cette distribution puisse se faire
complète, il faut avoir des indigents, et l'on en
trouve sans peine ; car, lorsqu'on peut obtenir
sans travail des moyens d'existence qui viennent
toujours s'offrir, on fait aisément de l'oisiveté
indigente un métier, le pire des métiers, qui a
ses rivalités et ses concurrences comme les
autres métiers.

L'HOMME RESPONSABLE DE SA VIE MATÉRIELLE
COMME DE SA VIE MORALE.

Dieu a voulu que tout fût laborieux pour
l'homme sur la terre, et qu'il fût, autant qu'il
le pouvait, responsable de sa vie matérielle,
comme il l'est de sa vie morale. Trop pourvoir
aux besoins des individus et leur ôter l'idée de

cette responsabilité et de cette nécessité du travail, c'est faire germer ou développer en eux des sentiments de solidarité sociale, qui est ce qu'il y a de plus funeste et de plus immoral.

On croit peut-être aussi par une générosité étendue sans bornes désarmer, éteindre des idées propagées et implantées dans les esprits. On se trompe : ces largesses constantes ne font au contraire que les aviver ; on s'y croit des droits ; on accueille sans reconnaissance comme un léger à-compte tout ce que l'on peut faire, en attendant, en espérant le payement complet de ce qu'on regarde comme une dette.

LA MAIN-D'ŒUVRE.

Arrivons enfin à la main-d'œuvre, grave et délicate question. D'où vient son renchérissement? De plusieurs causes : la première, la principale, est dans l'agriculture elle-même ; sa transformation graduelle a demandé et demande chaque jour de nouveaux bras ; ce qui se faisait autrefois (et par là j'entends il y a trente ans à peine), ce qui se faisait avec trois hommes et

trois attelages en exige quatre aujourd'hui.
Pour les cultures plus variées et plus nombreuses
qu'on prépare, il faut plus de travail ; il en faut
plus pour la récolte même ; et cela eût suffi pour
amener une élévation assez grande dans le taux
des salaires.

LES CHEMINS DE FER. LA POSTE.

Mais à cette cause, d'autres, qui s'accroissent
chaque jour, sont venues et viennent s'ajouter :
ainsi le personnel travaillant des chemins de
fer a été généralement tiré des campagnes.
Combien les 15,500 kilomètres terminés occu-
pent-ils de bras, en attendant ceux qu'exigeront
et les 7,000 qui se font ou se feront prochaine-
ment, et les chemins de fer départementaux qui
pourront s'établir ? Je ne parle pas de la confection même des chemins, de son influence sur
le taux des salaires, et des dispositions dans lesquelles elle met les ouvriers qu'elle occupe.
Ainsi encore le service de la poste dans les campagnes a pris des hommes qui se comptent par
dizaine de mille.

7

Ici je signalerai un fait fréquent, inévitable, qui a lieu pour tous les chemins de fer. Des travaux de main-d'œuvre, des réparations sont souvent nécessaires; il faut des ouvriers pour cela. Dans les moments où les bras ne sont pas indispensables à la culture voisine, la chose n'impose point de gêne immédiate au cultivateur; mais quand on les fait dans la moisson, ou même à d'autres époques, alors que certaines opérations agricoles sont urgentes, la concurrence s'établit entre les compagnies d'une part, disposant d'énormes capitaux que donnent les profits élevés des voies ferrées, et le cultivateur de l'autre, aux minces profits dont nous avons parlé. Les suites de cette concurrence ne peuvent être douteuses : les travaux agricoles, s'ils ne sont pas délaissés, souffrent au moins de la rareté des bras plus chers qui s'est faite, ne fût-ce que temporairement; et les cultivateurs placés dans cette position exceptionnelle, qui est assez commune cependant, voient ainsi une nouvelle cause de souffrance particulière ajoutée aux autres causes générales.

Sans doute, il est bon pour l'ouvrier qu'il en

soit ainsi ; et je trouve tout naturel qu'il profite
de la position qui lui est faite ; si j'étais ouvrier
moi-même, certes je serais heureux de gros salaires, que je ne négligerais pas ; mais il s'agit
ici d'établir en quelque sorte le bilan de l'agriculture, et rien de ce qui mérite d'y entrer ne
doit être omis.

LES TRAVAUX ET LES ATTRAITS DES VILLES.

D'un autre côté, les attraits des villes, dont
j'ai parlé il n'y a qu'un instant, les travaux immenses exécutés en certains lieux, où s'offrent
des salaires élevés, dont se préoccupe l'ouvrier
qui en a l'esprit frappé, sans en voir l'amoindrissement par les charges qu'il doit subir, tout
cela depuis longtemps appelle les populations
des campagnes, qui ne cessent de se porter où
elles croient voir de plus grandes facilités de
vivre avec moins de peine ou avec de plus gros
salaires, et trouver la satisfaction de leurs
appétits de toute sorte.

7.

L'INDUSTRIE.

L'industrie, qui tantôt paye largement ses ouvriers, qui tantôt réduit les salaires qu'elle donne jusqu'aux plus minces proportions, qui les supprime même quand son intérêt le commande, l'industrie fait une rude concurrence aux travaux des champs. Si l'on tenait compte de tout ce qui arrive, si les produits permanents du travail de l'ouvrier agricole étaient comparés aux produits variables, incertains du travail de l'ouvrier industriel, j'ai la ferme confiance que les premiers seraient au moins égaux aux seconds, s'ils ne leur étaient supérieurs; mais l'ouvrier industriel se trouve plus libre dans la besogne qu'il fait chez lui; quand il a une fois désappris les travaux des champs, plus pénibles que les siens, mais plus sains et meilleurs sous tous les rapports, il n'y revient plus, ou n'y revient qu'avec peine et par nécessité. Dans les moments où il est le mieux payé, il présente à nos travailleurs, comme un appât, sa large rémunération, jointe à ce qu'il nomme son indépendance. Ceux-ci, séduits quelquefois par la perspective d'un bien-être plus grand, dont ils ne savent pas mesurer la durée et les chances, deviennent industriels, font servir leurs gains, soumis à tant d'incertitudes qu'ils ne prévoient pas ou dont ils ne tiennent pas compte, à augmenter leur bien-être, qu'ils portent à son extrême limite : toute idée d'économie disparaît; puis, quand viennent les réductions, les suppressions même de salaires, arrivent en même temps la gêne, les privations, les souffrances, et les mauvaises dispositions envers la société de ceux qui les éprouvent.

L'ouvrier agricole, au contraire, qui est resté tel, a des profits réguliers, ni énormes aujourd'hui, ni réduits demain, ou supprimés plus tard; il mène en général une vie régulière comme ses profits, et arrive presque toujours à des économies qui lui donnent un contentement intérieur actuel, et qui sont au besoin une précieuse ressource pour son existence à venir.

Ce que je viens d'exposer montre comment d'un côté les travaux se sont accrus, comment de l'autre les moyens de les faire ont diminué, et ce qui doit en être la conséquence inévitable, l'augmentation des salaires. Je ne cesserai de répéter que le prix des choses dépend de leur rareté ou de leur abondance. Si l'on était une fois convaincu de cette vérité, l'on connaîtrait la cause des événements, on en sentirait la nécessité, et si l'on ne pouvait rien contre eux, on s'y résignerait au moins avec plus de facilité. Quand le travail manquait aux bras, ils se livraient à bas prix ; aujourd'hui que les bras manquent au travail, ils exigent tout naturellement des salaires élevés, qui se limiteront cependant par la force des choses, comme se limite le prix des denrées les plus rares et les plus nécessaires, parce qu'il arrive un moment où l'on ne peut plus les payer.

L'INSTRUCTION PRIMAIRE, TELLE QU'ELLE EST AUJOURD'HUI DONNÉE, CAUSE AUSSI EN PARTIE DE LA DÉPOPULATION DES CAMPAGNES.

J'ai omis à dessein jusqu'ici l'une des causes qui contribuent à la dépopulation des campagnes et au découragement du cultivateur; je veux parler de l'instruction primaire, telle qu'elle est généralement donnée.

TRANSFORMATION DE LA SOCIÉTÉ.

Une transformation commencée il y a long-temps se continue dans notre société, dont elle atteint les couches les plus épaisses qu'elle finira par pénétrer partout : habitudes, mœurs, tout est en train de se modifier, de s'effacer même ; mais comment sera occupée la place, mais comment seront comblés les vides qui se font et doivent se faire dans un état social nouveau, si différent de tout ce qui l'a précédé ?

LA NOBLESSE.

Des changements divers ont eu lieu dans des parties considérables de cette société. La contrainte de la dernière moitié du règne de Louis XIV produisit dans la classe la plus éle-vée une hypocrisie qui jeta le masque à la mort du roi, et éclata en désordres de toute sorte pendant la courte durée de la régence et la lon-

gue durée du règne de Louis XV. La révolution,
à laquelle sous bien des rapports avait contribué l'aristocratie, la révolution, avec tout ce
qui l'accompagna, fut pour elle une terrible
leçon, en même temps qu'une cruelle épreuve.
Retrempée par ses malheurs et par les événements, on peut dire avec vérité qu'elle s'est
renouvelée; et ce n'est qu'à de rares intervalles
qu'on retrouve en elle des réminiscences de ses
anciennes habitudes et de ses anciennes mœurs,
je ne dis pas de ses anciennes idées.

LE CLERGÉ.

Le clergé a disparu comme ordre : ce n'est
plus, pour le bien de son influence, qu'une
grande société religieuse partout répandue,
partout combinant ses efforts pour la direction
morale des populations, la seule à laquelle elle
doive prétendre, et qu'elle n'obtient malheureusement pas toujours.

LE TIERS ÉTAT.

Le tiers état, sans avoir pris les mœurs du dix-huitième siècle, en avait accepté en partie les idées, qui n'étaient pas pour lui comme une mode et une vaine spéculation, mais qui étaient choses pouvant et devant finir par se réaliser. Le tiers état d'autrefois, qui est aujourd'hui en partie la bourgeoisie des villes, n'a eu que bien peu de chose à modifier dans ce qu'il était, et s'est trouvé tout préparé pour le nouvel ordre de choses.

LES LABOUREURS ET LES PAYSANS.

Il est une partie considérable de notre société d'autrefois, ne comptant alors que pour la dîme, la capitation, la taille et les corvées, mais ayant une grande et légitime influence sur le reste de la population, avec laquelle elle était confondue; vivant patriarcalement avec ceux dont elle employait les bras, lesquels étaient véritablement des domestiques, selon

l'ancienne acception du mot, c'est-à-dire
comme des membres de la famille avec laquelle ils étaient; race religieuse, honnête,
austère, dans une médiocre aisance qu'entre-
tenaient le travail et l'économie; ayant ac-
cueilli la révolution dans tout ce qu'elle avait
de raisonnable et de juste, et répudié avec énergie ses écarts et ses méfaits, les *laboureurs* enfin,
devenus tout naturellement propriétaires en
partie des biens nationaux vendus, dont ils
étaient fermiers. Émancipés avec le reste de la
nation, ils avaient aussi peu de chose à changer pour s'accommoder à leur nouvelle position. L'ont-ils bien fait? Ont-ils toujours compris cette position? Quoi qu'il en soit, aidés
par leurs lumières, fruits d'une instruction élevée venue à la suite d'une aisance plus grande,
par les traditions restées dans les familles, par
le temps surtout, qui chaque jour donne d'u-
tiles et quelquefois de terribles leçons, ils seront
bientôt fixés, j'espère, dans des habitudes et
des mœurs modestes et graves qui seront un
honneur pour eux et une force pour la société.

Si les diverses parties de cette société des-

quelles je viens de parler avaient, soit dans
leur existence et leur position antérieures, soit
dans les ressources qui étaient en elles-mêmes,
les moyens plus ou moins faciles de se confor-
mer au nouvel état social, en était-il de même
du reste de la population ?

L'Évangile avait proclamé l'égalité devant
Dieu de toutes les âmes humaines : c'était la
plus grande chose qu'on eût jamais faite pour
la dignité de l'homme ; c'était la pierre d'attente de son affranchissement complet, qui arri-
vait enfin pour nous après dix-huit siècles.
Mais le peuple était-il préparé à ce juste affranchissement ? Ne le surprit-il pas ? Pouvait-il ne
le pas surprendre ? Et là où l'occasion exista
pour lui d'en user de suite, ne le fit-il pas d'une
façon quelquefois malheureuse ? Dans les
grands centres où il se trouvait nombreux, il
devint l'auxiliaire déplorable de l'ambition,
des passions, des haines furieuses de ceux qui
voulurent s'en faire un instrument. On le vit
ailleurs combattre héroïquement pour sa foi
qu'il croyait menacée ; et cet héroïsme plein
d'honneur, il le montra partout où il fut sur

un champ de bataille. Mais en général les
mœurs du peuple, ses idées avaient à peine été
atteintes par les idées sans cesse modifiées qui
prévalaient dans le gouvernement nouveau ; et
quand après la tourmente le calme et l'ordre,
objets des vœux ardents du pays, eurent repris
leur empire, le peuple se retrouva à l'aise dans
un état ayant quelque analogie avec son état
ancien, à peine interrompu par des événements
qui l'avaient plus étonné que changé.

Toutefois cette dépendance, cette quasi-sujé-
tion qu'il trouvait partout auparavant, suppri-
mées par la loi, avaient en effet disparu. Il ap-
prenait peu à peu à connaître ses droits civils,
fondés sur l'égalité de tous devant la loi. Du
sentiment de ces droits à leur usage la distance
n'est pas bien grande, et il la franchissait lentement et sûrement. C'est ainsi qu'avec le
temps, sans secousse, sans déchirement, se mo-
difiaient ses mœurs par l'infusion des bonnes
idées modernes touchant la liberté et l'égalité.

Ce travail de transformation, commencé
avec le siècle, se continuait graduellement. Les
événements de 1814 et de 1815 ne le ralentirent

pas. La révolution de juillet produisit un
ébranlement qui cessa bientôt. Le gouvernement représentatif sous la restauration et sous
la monarchie du roi Louis-Philippe favorisait
puissamment le travail salutaire qui se faisait
dans les esprits et préparait de nouvelles mœurs,
lesquelles sont la mise en pratique constante
des idées.

LA RÉVOLUTION DE FÉVRIER.

La révolution de février vint brusquement
interrompre ce travail et porter sur la scène
politique, au premier plan, le peuple qui n'y
songeait guère : il y apparaissait tout à coup
avec des mœurs entamées, altérées par cinquante ans d'existence dans un état social qui
avait varié sans doute, mais qui était tout autre
que l'état social ancien, qui même en bien des
cas était l'opposé de cet état dans lequel ses
mœurs s'étaient autrefois formées. Le temps
lui avait manqué pour remplacer ce qui n'était
plus et compléter ce qui restait des habitudes
anciennes par des habitudes nouvelles ; car

qu'est un demi-siècle dans la vie des nations?
Et d'ailleurs si la destruction est facile et
prompte, l'édification est toujours laborieuse
et lente.

Le peuple, par le droit de vote accordé
même à un âge où il est à peine permis à
l'homme de jouir d'une partie de ses droits civils, le peuple devint une puissance politique,
la plus grande puissance du pays, et comme
toutes les puissances il eut ses complaisants et
ses flatteurs intéressés. On l'exalta d'abord à
ses propres yeux : c'était à qui, pour le capter,
lui ferait les promesses les plus exagérées. Tous
les appétits mauvais de l'homme, on les ca-
ressa en lui : on leur promit satisfaction; on es-
saya d'infuser dans son esprit les idées les plus
fausses et les plus funestes, les doctrines les plus
sauvages et les plus contraires à toute société.
Les rapports destinés à établir entre les hommes
des sentiments de bienveillance mutuelle furent
attaqués et condamnés comme des marques
d'une soumission, d'une sujétion indignes, di-
sait-on, de véritables citoyens. La défiance, la
haine même contre une classe de ses sembla-

bles qu'on cherchait à flétrir par des noms devenus odieux lui étaient ouvertement recommandées. Pour rendre complètes ce qu'on
appelait son émancipation et son indépendance, on voulait éteindre en lui tout sentiment religieux et toute croyance; on n'espérait
le dominer et le diriger qu'en l'isolant ainsi de
toute idée de raison, de vérité, de justice.

Les événements de décembre arrêtèrent ce
travail de désorganisation sociale. Sans doute
il était loin d'avoir produit dans les esprits
l'œuvre qu'il voulait accomplir; mais croire
aussi qu'il avait été complétement stérile serait
une grande et dangereuse erreur. L'état réel
des choses se révèle à des yeux toujours ouverts
et dont on ne se défie pas, tandis qu'il se masque et se dérobe sous des yeux qui inspirent la
défiance. A une trop grande élévation d'ailleurs, comme à une trop grande distance, la
vue se trouble, les objets se confondent; on les
voit mal, on les juge mal.

Voici, tel qu'il s'est manifesté pour moi, l'état
des choses dans un contact long, fréquent et je
pourrais dire familier avec le peuple. Ses habi-

tudes anciennes ont presque entièrement disparu, sans avoir pu être remplacées par des mœurs nouvelles qui sont le produit d'idées généralement acceptées et longtemps mises en pratique. Les doctrines de 1848, dans ce qu'elles avaient de pire, sans avoir tout à fait occupé les esprits, y ont laissé des traces sensibles et des germes qui, s'ils ne sont rendus stériles, pourront s'y développer pour le dommage de tous. Ainsi d'étranges idées sur la liberté, sur l'égalité, sur la propriété, ont été recueillies et ne sont point rejetées : la liberté serait le droit de tout faire; l'égalité n'admettrait point de différence, et la propriété serait une institution à réformer. Deux traits sont encore saillants dans la classe la plus nombreuse, l'amour ardent du bien-être et l'affaiblissement graduel du sentiment religieux.

TRAVAIL DE RECONSTRUCTION SOCIALE A FAIRE.

Aujourd'hui donc tout un travail de reconstruction sociale est à faire, travail d'autant plus délicat, d'autant plus difficile, qu'il doit avoir lieu sur un terrain où sont quelques rares choses à conserver, d'autres à faire revivre, et d'autres à effacer et à remplacer. Ce travail, en a-t-on compris la nécessité? L'a-t-on essayé? Quel a-t-il été, et quels résultats est-il en train de donner?

Je sais que j'aborde un sujet scabreux, tout rempli de difficultés de toute sorte; je le parcourrai cependant sans hésiter, car mes intentions sont droites; et quand bien même je me tromperais dans mes appréciations, dans mes sentiments et dans mes idées, j'ai la ferme confiance que cela serait sans danger, même sans inconvénient. Si au contraire j'expose quelques bonnes raisons à l'appui de ce que je pense, et que ces raisons ne restent pas enfouies, mais arrivent à la lumière et excitent quelque attention, je serai parvenu au but vers lequel je tends, de servir les intérêts de la société en l'aidant à s'asseoir sur des bases solidement établies.

8

L'ÉDUCATION DE FAMILLE FAIT GÉNÉRALEMENT DÉFAUT.

Il est une chose certaine pour moi, et que reconnaissent également les hommes en position de bien voir et de bien apprécier notre société actuelle, c'est que l'éducation de famille fait généralement défaut, et que les sentiments sur lesquels elle repose sont singulièrement atteints et ébranlés : en sorte que cette éducation doit être suppléée, et qu'au lieu de venir de la maison elle doit y entrer, après avoir été reçue autant que possible au dehors. Il importe beaucoup d'avoir cette conviction, car sans elle, comment travaillera-t-on à combler le vide qui, tant qu'il existera, ne permettra de rien fonder de bon et de durable?

On me dira peut-être : « Vous exagérez le mal; mais, fût-il réel, n'est-il point combattu sans cesse par la religion partout présente, partout luttant pour contenir moralement la société qui dévierait, pour la diriger vers le bien au besoin, pour la maintenir dans ce bien quand elle s'y trouve? N'y a-t-il point

une vaste instruction primaire sur toute la sur-
face du pays sans exception, donnée par des
maîtres éprouvés, répandant les lumières, la
morale par conséquent, et la connaissance des
droits comme des devoirs de chacun? Que
peut-on demander davantage? »

LA RELIGION RÉUSSIT-ELLE DANS SES ENSEIGNEMENTS?

Ce n'est pas moi certes qui contesterai les
efforts faits pour conserver ce qui est bon,
pour opposer des digues au mal et rétablir la
santé sociale là où elle est altérée; mais me
sera-t-il défendu d'apprécier ces efforts et de
juger de leurs fruits? Or, je le demande à tout
homme éclairé, impartial, connaissant ce qui
a lieu au sein des populations, n'est-il pas malheureusement vrai qu'elles ne s'arrêtent pas
sur la pente où elles glissent vers des idées et
des sentiments peu compatibles avec une société régulière, paisible, prospère et stable?
N'est-il pas vrai que le sentiment religieux, loin
de se raviver, tend à décliner de plus en plus?
Pourquoi cela? Serait-ce qu'on tenterait une

8.

œuvre impossible en voulant lui laisser ou
lui rendre la vie? Les difficultés sont réelles,
il faut en convenir; mais quelque grandes
qu'elles soient, je crois qu'elles peuvent être
surmontées avec de l'habileté, avec de la per-
sévérance; et quand je parle d'habileté, j'entends qu'elle consistera surtout dans la vérité,
qu'il faut bien connaître et savoir bien montrer
en tout si l'on veut qu'elle soit acceptée. Or
est-ce la vérité que la religion enseigne? Pour
moi cela n'est point douteux. Comment se
fait-il donc que le succès ne réponde pas aux
efforts qu'on fait pour la propager? Serait-ce
qu'on ne connaîtrait pas l'état des esprits auxquels on s'adresse, et qu'on ne ferait point ce
qu'il faut pour y pénétrer, les occuper et les
diriger dans la voie où leur plus cher intérêt et
celui de la société veulent qu'ils soient portés?

Que ce soit un bien ou un mal, on ne se rend
plus à des paroles demandant avec empire
qu'on leur accorde foi; cette foi, il faut en
quelque sorte la conquérir : il faut pour cela
un mélange de haute raison, de vraie charité,
d'autorité modérée qui frappe les esprits, s'y

insinue et les conduise doucement au but,
n'ayant d'autre préoccupation que celle du
succès pour le succès même ; et ce succès, je
crois qu'on y arrivera si l'on sait bien le pré-
parer.

LES PENSEURS LES PLUS PROFONDS, GALILÉE, PASCAL, DES-CARTES, EULER, LEIBNITZ, NEWTON, SINCÈREMENT CHRÉTIENS.

Quand on a vu les penseurs les plus profonds,
Galilée, Pascal, Descartes, Euler, Leibnitz, Newton, les uns catholiques laïques, les autres protes-
tants, quand on les a vus se soumettre librement
à la religion et la suivre avec simplicité, je ne
connais pas de preuve humaine en faveur de la
religion chrétienne capable de surpasser celle
qu'offre la foi de ces grands hommes, et je ne
conçois pas d'esprit qui puisse être en droit de
la dédaigner. Cette foi, comment leur était-elle
venue ? L'avaient-ils reçue et prise sans examen ? Elle avait sans doute été la leçon de leur
enfance ; mais de tels hommes, en âge de penser et de réfléchir, n'ont pas pu ne point l'exa-

miner en sondant les mystères et les problèmes de leur être. Quels étaient-ils? D'où venaient-ils? Où allaient-ils? Ils sentaient l'existence d'un être suprême, éternel, tout-puissant; mais quel rapport entre lui et eux? Leur raison, la plus puissante qu'on puisse imaginer, se heurtait de toutes parts à des obstacles insurmontables, à des impossibilités de toute sorte. Tout leur était mystère au dedans d'eux comme au dehors. Où ont-ils trouvé la solution de ce grand problème posé par leur raison tour à tour si forte et si impuissante? Plus heureux que les grands esprits de l'antiquité, lesquels n'ayant qu'eux-mêmes pour répondre à leurs propres questions, convaincus de l'existence de Dieu, croyant à l'immortalité de l'âme, ayant cherché les rapports de Dieu et de l'âme avec leur haute raison, les avaient établis diversement selon leurs lumières; nos grands penseurs, plus heureux, ont trouvé dans la plus ancienne histoire connue, qu'on appelle le *livre* par excellence, dans la *Bible*, l'explication de leur origine. Elle était au-dessus de leur raison, et la satisfaisait cependant. Ils croyaient

à la toute-puissance de Dieu, et la création
était l'effet de cette toute-puissance.

D'un autre côté, la double nature qu'ils por-
taient en eux, l'amour du bien et la tendance
au mal, cette même histoire en exposait la
cause, venant de Dieu et de sa créature, faite
libre et usant de sa liberté à son détriment,
comme elle pouvait l'exercer pour son avantage. L'homme aujourd'hui garde cette même
liberté, à laquelle il devra la récompense ou le
châtiment qu'il aura mérité.

Suivant dans sa longue existence les phases
diverses du peuple qui s'appelle le peuple de
Dieu, ils y voient l'adoration constante de ce
Dieu unique, à laquelle il est terriblement ra-
mené quand il tente parfois de s'en éloigner.

Ils arrivent enfin à la naissance du christianisme : là nouveaux mystères, nouvelles choses
incompréhensibles à leur raison! Mais cette
raison leur a-t-elle expliqué un seul des
mystères, œuvres de Dieu, desquels ils se
voient environnés de toutes parts et au milieu
desquels ils se meuvent et ils vivent? Les mystères du christianisme ne les arrêtent donc pas;

ils sont trop éclairés pour en être rebutés. Ils
veulent voir ce qu'il est au fond, ce qu'apporte
aux hommes cette humaine manifestation de la
Divinité; et que trouvent-ils? Une loi morale
dont n'approchent pas toutes les lois dues aux
efforts réunis des esprits antérieurs les plus
grands et les plus vénérés; une simplicité,
une pureté dans l'auteur du christianisme, une
charité qui étonnent et qui séduisent, une vie
et une mort qui ont fait dire qu'elles étaient la
vie et la mort d'un Dieu précisément à l'un de
ces esprits inquiets qui cherchait sa voie,
comme ont voulu la chercher et comme l'ont
trouvée ceux que nous avons nommés. L'auteur de l'homme était seul capable de lui donner des lois répondant si bien à tous ses sentiments, à tous ses besoins, à toutes ses aspirations,
à tout son être enfin : c'était Dieu.

C'en est fait! nos grands penseurs en toute
liberté ont trouvé l'apaisement de leurs recher-
ches inquiètes : ils étaient chrétiens par leur
naissance, par leur éducation, ils le sont par
leur raison; et comme ils étaient de grands esprits, ils se sont plus fortement attachés au

culte, sachant que l'absence de culte, de religion par conséquent, c'est comme la négation de la Divinité : car qu'est-ce qu'un Dieu théorique qu'on veut bien affirmer en paroles, comme un produit de son esprit, pour ne pas s'en occuper plus ensuite que s'il n'existait pas? Le culte, en rappelant sans cesse la pensée de Dieu dans des lieux et à des jours spécialement consacrés à l'adorer, à le prier, en le rendant ainsi présent pour nous, nous soumet bien mieux à son action, qui, d'accord avec notre volonté qui l'appelle, peut nous donner à tous, qui que nous soyons, cette grandeur morale à laquelle nulle autre n'est pareille, et qui, destinée, comme l'a dit Montesquieu, à nous assurer la félicité dans une autre vie, est encore dans la vie présente l'élément le plus sûr du bonheur.

LA CROYANCE N'ARRÊTE PAS L'ESSOR DU GÉNIE.

Galilée, Pascal, Descartes, Euler, Leibnitz, Newton, ont-ils senti leur génie arrêté par leur croyance? Tout au contraire : quand leur raison leur eut appris quelles limites ils ne pouvaient franchir et dans quels espaces elle pouvait se mouvoir, ils ont parcouru ces espaces avec une assurance et des succès que rien n'a surpassés, s'ils ont même été égalés.

GALILÉE.

Galilée confirme la découverte de Copernic, que le soleil est fixe au centre du monde et que la terre, qui a un double mouvement, est l'un de ses satellites. Persécuté par un clergé qui ne croit pas qu'ici-bas bien des choses voilées seront découvertes, et que bien des choses cachées seront connues, il poursuit résolûment sa marche sans rien perdre de sa foi, qui ne tient pas aux hommes, qui subsiste même malgré les hommes, car elle a une origine qu'il ne leur est pas donné d'atteindre et de détruire.

PASCAL.

Pascal, l'un des plus précoces et des plus étonnants génies qu'on ait vus, s'inquiète peu

si une morale pernicieuse, si des doctrines
détestables se produisent à l'abri et avec la
protection d'un corps religieux tout-puissant
alors : il les saisit corps à corps, et par le ridi-
cule, par une discussion nerveuse, indignée,
dans un ouvrage, le premier chef-d'œuvre de
la langue française, lequel est encore et restera
au premier rang de tout ce qu'il y a de plus
grand et de plus beau, Pascal, dans ses *Lettres
à un provincial*, flétrit cette morale, ces doctrines, les rend justement détestées, et ne laisse à
leurs fauteurs que la triste ressource d'en nier
sans vérité l'existence.

Et d'un autre côté, dans les fragments d'un
ouvrage qu'il méditait, qu'il préparait sur la
religion chrétienne, dans ces matériaux con-
fus, à peine ébauchés, mais avec des traits si
grands déjà parfois, avec des proportions si
étonnantes, quelle hardiesse d'idées sur l'homme
et sur la société!

DESCARTES.

Et Descartes! Lui aussi, usant de sa puissante raison là où elle peut s'exercer pleinement, il offre à l'humanité de nouveaux horizons et lui donne la *Méthode*, qui devra la guider lorsqu'elle voudra donner à la raison, qui est son apanage, toute la portée et toute la grandeur qu'elle recèle. Lui aussi encore, inquiété et sans sécurité dans sa patrie, dut la quitter et chercher enfin en Suède un asile où son puissant esprit, toujours contenu, put se donner carrière en liberté.

Chose étrange, et je dirais providentielle, si l'on n'abusait pas tant de ce mot! Galilée, Pascal, Descartes, le premier et le dernier surtout, soumis aux malheureuses épreuves d'une persécution plus ou moins ouverte, plus ou moins rigoureuse de la part de ceux-là mêmes qui se croyaient leurs chefs religieux, demeurèrent fermes dans leur foi comme dans leurs sentiments, apprenant ainsi par d'illustres exemples à ne pas confondre au besoin la religion

avec le prêtre, et montrant que la religion,
loin d'arrêter le génie et de lui nuire, le favo-
rise au contraire en le purifiant, et lui donne
une portée, une puissance et un éclat qu'il
n'obtiendrait pas si complets sans elle.

EULER, LEIBNITZ, NEWTON.

Euler, Leibnitz, Newton, appartenant à la
religion protestante, qui admet la liberté de
discussion et d'examen, purent produire sans
crainte et sans risque leurs idées et leurs sentiments, auxquels ils seraient restés fidèles au
besoin; car les grands esprits ont d'ordinaire
le cœur également grand, et quand ils ont
trouvé la vérité, ils ne savent pas l'abandonner, et la gardent à quelque prix que ce soit.

POURQUOI LE SENTIMENT RELIGIEUX VA-T-IL S'AFFAIBLISSANT DE PLUS EN PLUS?

La religion chrétienne a donc de quoi satisfaire et attacher toutes les intelligences, tous
les esprits, tous les cœurs : comment se fait-il

donc aujourd'hui, je le répète, que le sentiment religieux va s'affaiblissant de plus en plus? Les dispositions actuelles des populations peuvent n'être pas favorables à l'enseignement : mais à quoi cela tient-il? Sans doute, l'amour du bien-être, ardemment stimulé, développé immodérément, a comme enveloppé le sentiment moral, mais il ne l'a point étouffé; et là où cet effet ne s'est pas encore produit, si on ne le détourne en le devançant et en le prévenant, on verra les résultats constatés ailleurs : c'est une affaire de temps, et rien de plus, on peut en être certain. Mais ces dispositions, mais cet amour du bien-être, mais ce bien-être lui-même sont-ils les seules causes de ce dont nous sommes témoins? Faudrait-il croire que les efforts qu'on fait ne sont point ce qu'ils devraient être? L'homme est naturellement porté à croire, et il croit toujours; quand ce n'est pas au bien, c'est au mal : ne rencontre-t-on pas des gens qui se jugeraient humiliés si l'on pensait d'eux qu'ils croient en la religion chrétienne, ou même en Dieu, et qui ont une foi aveugle en certains hommes, qui, si grands qu'on les suppose, sont

toujours des hommes après tout, mais qui bien
plus souvent sont. . . . . quels hommes, hélas!
Comment se fait-il, encore une fois, qu'on ne
tire point partie de ces dispositions en les dirigeant vers la vérité, qui est le bien?

ON N'EST PEUT-ÊTRE PAS SUFFISAMMENT CONVAINCU QUE LE
CLERGÉ A EN VUE L'AVANCEMENT MORAL POUR L'AVANCE-
MENT MORAL LUI-MÊME.

D'un autre côté, je ne sais si l'on est suffisamment convaincu que le clergé agit en ayant
uniquement en vue l'avancement moral pour
l'avancement moral lui-même, et si l'on n'est
point porté à lui croire des désirs de prédominance humaine, à laquelle les esprits résistent
invinciblement. Ce serait une injuste préven-
tion, je veux le croire; mais je ne voudrais pas
dire qu'elle n'existe pas; et l'on conçoit qu'elle
est loin d'aider au succès de ses efforts en les
supposant convenablement faits.

LE PRÊTRE EST VU D'ABORD EN GÉNÉRAL AVEC UNE PRÉVENTION BIENVEILLANTE.

Et cependant on aurait tort de penser que de parti pris les populations voient le prêtre avec malveillance : c'est le contraire qui est vrai : la présomption est toujours en faveur du prêtre ; et quand il arrive inconnu dans une paroisse, on est porté à la déférence et au respect envers lui. Cela tient à des raisons simples et naturelles : le prêtre est considéré comme instruit, et comme généralement supérieur par l'intelligence à tout ce qui l'environne : il est chargé de diriger la vie des autres, de réformer ce qui doit l'être, de donner des règles de conduite et des préceptes de morale à tout un pays; d'être enfin comme un intermédiaire entre Dieu et les hommes; c'est-à-dire de remplir le plus grand, le plus beau des ministères qu'il soit donné à un homme d'avoir. Il est en vue comme tout ce qui est élevé : on se persuade que celui qui a de telles fonctions, une telle mission, en est digne sous tous les rapports; on attend du prêtre que dans ses paroles, que dans ses actes tout sera conforme à son élévation, et répondra à l'opinion qu'on s'en est faite. Mais quand cette idée est déçue, quand, au lieu de l'être supérieur en tout, comme on se l'était figuré, on trouve le prêtre soumis aux petitesses, aux faiblesses, aux passions des autres hommes, le prestige disparaît, et la religion souffre de la désillusion qu'on éprouve; car malheureusement les populations confondent la religion et le prêtre, quand ils devraient toujours être séparés : la religion court risque de perdre dans cette confusion, les torts d'un seul lui nuisant plus que ne lui profitent les mérites de plusieurs.

On aura beau dire que les exigences manifestées envers le prêtre sont trop grandes, qu'elles sont injustes, et qu'on lui demande plus que la nature humaine ne peut donner : je n'en disconviens pas; mais les choses n'en sont pas moins telles que je les dis : on ne veut pas voir ses infirmités dans ceux qui enseignent et dirigent; on les place au-dessus des autres hommes, et on en exige plus que des autres hommes.

Ce qui précède explique comment l'influence

9

du prêtre, malgré sa bonne volonté et ses religieux efforts, n'est point ce qu'elle pourrait, ce
qu'elle devrait être, ce qu'il serait à souhaiter
qu'elle fût.

LE GOUVERNEMENT DES AMES ET CELUI DES ÉTATS ÉGALEMENT DIFFICILES AUJOURD'HUI.

Le gouvernement des âmes n'est pas moins
difficile aujourd'hui que celui des États : il faut
dans l'un comme dans l'autre de grandes et légitimes précautions, une raison supérieure,
une grande profondeur de vues droites et justes,
et surtout une exacte connaissance de ceux
qu'on est appelé à régir. On ne doit nulle part
et en rien compter sur une soumission aveugle, absolue : toutes les idées, tous les actes
sont examinés, discutés et jugés plus ou moins
ouvertement, mais le sont certainement : c'est
un motif puissant pour être soi-même juge sé-
vère de toutes les mesures qu'on prend, de
toutes les décisions qu'on publie : il faut qu'elles soient de nature à défier les reproches mé-
rités, et à obtenir l'approbation réfléchie de
ceux auxquels elles s'adressent.

LE BON GOUVERNEMENT DES AMES AIDE AU FACILE GOUVERNEMENT DES ÉTATS.

Le bon, l'heureux gouvernement des âmes aide singulièrement au facile gouvernement des États : non pas que les esprits rendus dociles se soumettent sans réserve à un pouvoir sans règle et sans mesure ; la connaissance de ses devoirs qu'on observe empêche toute résistance déraisonnable et injuste ; elle amène une soumission intelligente, sincère, commandée par des lois ayant l'intérêt public pour but. Mais, d'un autre côté, cette même connaissance de ses devoirs donne la connaissance de ses droits ; car s'il n'est pas de droits sans devoirs, il n'est pas aussi de devoirs sans droits ; et celui qui sait pratiquer ses devoirs est par cela même d'autant plus ferme dans l'usage et, au besoin, dans la revendication de ses droits.

L'homme vraiment religieux est donc tout à la fois un sujet soumis et un bon citoyen ; et il l'est simplement, naturellement, sans avoir été préparé pour cela : c'est la conséquence d'une

9.

direction heureuse, qui avait pour objet le bien moral de l'individu, et qui fait tourner au profit de la société ce qui est l'avantage de chacun.

ON A VU DES GOUVERNEMENTS ASSOCIER A LEUR ACTION LE CLERGÉ, QUI NE S'Y REFUSAIT PAS.

On a vu des gouvernements associer en quelque sorte à leur action le clergé, qui semblait s'y prêter avec une complaisance fâcheuse, et qui ne se refusait pas à être considéré comme un instrument de règne. Cela fut mauvais pour la religion et pour ces gouvernements : la religion, descendue des sphères supérieures où est sa place, ne paraissait plus qu'une chose politique, et était traitée comme telle, c'est-à-dire vivement soutenue par les uns, ardemment combattue par les autres : et au milieu de ces luttes passionnées, auxquelles elle était imprudemment mêlée, elle se trouvait sans influence et sans force ; ou plutôt elle aigrissait et éloignait les esprits, allant ainsi contre le but qui doit être le sien.

LA RELIGION NE DOIT AVOIR EN VUE QU'ELLE-MÊME.

La religion est une chose principale, essentielle, qui ne doit avoir en vue qu'elle-même, et la fin pour laquelle elle est : c'est maintenant l'une des conditions indispensables de succès pour elle. Aujourd'hui les plaintes amères, élevées par ceux-là mêmes auxquels incombe le devoir d'enseigner, de diriger, montrent combien peu leur mission est heureuse : ils imputent leur non-réussite à la perversité humaine et aux attaques dont la religion est l'objet : je ne veux rien contester à ce sujet : qu'ils y prennent garde cependant! Ils provoquent de bien tristes réflexions! Quoi! vous êtes partout présents! Partout vous pouvez en toute liberté enseigner la vérité, combattre l'erreur, et tout ce que la religion condamne justement! et vous êtes impuissants de votre propre aveu! Et la direction morale vous échappe! Vous trouvez plus commode d'accuser que de chercher si, pour l'obtenir, tout ce qui doit être fait s'est fait! Les voies jusqu'ici suivies ne semblent plus

suffisantes pour mener au but immuable vers
lequel nous devons être portés, n'en serait-il
point d'autres qui pourraient nous y bien conduire? Les chercher n'est-il point un devoir?
Rester dans les mêmes routes, où si l'on est si
peu accompagné, n'est-ce point tenter Dieu?
S'il eût voulu que les hommes fussent parfaits
et sauvés sans efforts, ils le seraient : mais si
leur état actuel est loin de cette perfection; s'ils
n'usent point toujours de leur liberté pour choi-
sir le bien et s'y attacher, c'est une raison de
plus de redoubler de zèle habile pour le montrer
et y acheminer; œuvre laborieuse, sans doute!
œuvre pour laquelle il faut être convenablement disposé; mais œuvre possible à coup sûr!
Prétendre le contraire, c'est affirmer que le mal
une fois admis ne peut plus disparaître; c'est
calomnier la Providence; c'est se condamner
soi-même au découragement et au repos; car à
quoi bon des efforts, des luttes, des combats
sans espoir de succès? Mais non! il n'en est
point, il n'en peut être ainsi! Non! le mal quand
il existe n'est point indestructible! L'homme est
libre pour le bien comme pour le mal; et je ne

croirai jamais que, suffisamment éclairé sur
l'un et sur l'autre, il rejette toujours le bien
pour se livrer au mal sans réserve.

L'INSTRUCTION PRIMAIRE.

Venons maintenant à l'instruction primaire.
Et afin d'éviter toute équivoque et toute impu-
tation mal fondée, je dirai tout d'abord que je
regarde l'instruction du peuple comme une nécessité et comme un devoir ; nécessité reconnue,
devoir accompli, puisque cette instruction est
partout offerte et mise à la disposition de tous,
sans exception. J'ajouterai que je souhaite cette
instruction aussi grande que possible, mais
vraie, c'est-à-dire en appréciant ce qu'elle est
et en l'exposant avec une entière franchise.

ON N'APPREND QU'A APPRENDRE LA OU SE DONNE
L'INSTRUCTION LA PLUS ÉLEVÉE.

Allant plus haut que l'instruction primaire,
nous portant dans les lieux où se donne l'instruction la plus élevée, si l'on disait aux jeunes

gens qui touchent au terme de leurs études : Vous avez jusqu'ici consacré dix ou douze ans de votre vie à vous instruire; et avec quelque zèle, avec quelque succès que vous l'ayez fait, nous devons vous dire que vous n'avez appris qu'à apprendre. Si au sortir de vos classes vous vous bornez au savoir que vous y aurez trouvé, vous aurez sans doute en général la supériorité sur ceux qui n'ont point eu la même instruction : vous aurez une ouverture d'esprit plus grande, mais tout votre avantage (et il est considérable) se bornera là, si de nouvelles études favorisées par votre intelligence grandissant avec l'âge ne développent les germes que nous avons mis en vous et ne leur donnent toute la croissance à laquelle ils peuvent parvenir. Et pour vous prémunir contre une vanité à laquelle l'homme n'est que trop enclin, nous vous dirons encore que votre savoir, à mesure qu'il s'élèvera, vous apprendra à connaître l'immensité de ce que vous ne savez pas : vous aurez une ignorance savante, la plus grande science à laquelle l'homme puisse arriver. Si vous vous livrez à l'étude suivie d'un sujet par-

ticulier, chaque jour vous montrera des côtés
nouveaux pour vous ; et une vie de labeur, quelque longue qu'elle soit, ne le sera jamais assez
pour vous donner une connaissance absolue ,
complète du sujet auquel elle aura été con-
sacrée.

Est-ce que ce langage ne serait pas raisonnable et vrai? Et s'il l'est là, combien il acquer-
rait de raison et de vérité à mesure qu'il s'a-
dresserait à des jeunes gens moins instruits,
moins bien préparés par conséquent à le devenir davantage quand l'instrument dont ils seraient pourvus serait moins parfait et moins
bon !

CE QU'EST L'INSTRUCTION PRIMAIRE.

Qu'est l'instruction primaire? et que peut-
elle être? Le moyen montré à tous de régler
eux-mêmes les choses usuelles et ordinaires de
la vie : pour cela il faut savoir assez bien lire ,
écrire de manière à pouvoir consigner sur le
papier ce qu'on a le besoin ou même le désir
d'y garder, à correspondre soi-même et à n'être

point réduit à la nécessité de mettre des tiers
dans la connaissance de ses affaires et de ses
secrets ; il faut savoir les calculs que les circonstances où l'on peut se trouver rendent nécessaires : voilà ce que l'instruction primaire a
pour but principal d'enseigner ; et ce qui peut
être au delà est si peu de chose, et le lot d'un
si petit nombre, qu'on ne doit pas en tenir
compte. Cela étant, si l'on veut véritablement
donner des *lumières*, est-ce qu'on ne doit pas
apprendre aux enfants, en même temps que la
science qu'on leur donne, la valeur de cette
science? Et si cette valeur n'est pas élevée,
faut-il la cacher, la dissimuler, ou bien l'exagérer pour en inspirer une idée sans justesse et
sans vérité, mauvaise et dangereuse par conséquent? Il n'est personne qui puisse avouer qu'il
veut cela ; il n'est personne qui n'ait la prétention d'aimer la vérité. Or, la vérité, la vérité
générale est toujours utile et bonne ; la dire est
un devoir, et je voudrais qu'ici ce devoir fût
observé.

L'INSTITUTEUR DEVRAIT ÊTRE INSTRUIT DE LA PORTÉE DE CE QU'IL SAIT.

J'irai plus loin et plus haut que les enfants qui reçoivent l'instruction primaire ; j'irai jusqu'à ceux qui la donnent. Où serait le mal qu'ils apprissent eux-mêmes l'étendue de ce qu'ils savent? Or, ce savoir de l'instituteur, quel est-il, comparé à celui qu'on peut avec raison présumer être le savoir du prêtre ou de l'homme qui a fait des études supérieures ? S'il suffisait de passer quelques années de son enfance sur les bancs d'une école primaire, et un assez court temps de sa jeunesse dans une école normale pour acquérir un savoir égal à celui que dix, douze ou quinze ans même de coûteuses études sont censés donner à ceux qui s'y sont livrés, en vérité pourquoi s'y adonnerait-on? La différence du temps employé et des maîtres qu'on a eus en doit mettre et en met en général une grande entre les hommes : cela n'est-il pas vrai, d'une incontestable vérité? Où serait encore une fois le mal que cette vérité

fût mise devant les yeux de ceux qui doivent
donner au plus grand nombre la seule instruction qu'il aura jamais? Où serait le mal que,
prémunis eux-mêmes contre une présomption·
à laquelle on va si naturellement, ils pussent
prémunir les autres contre la présomption qui
naîtrait bien plus facilement en eux, moins
instruits que leurs maîtres? car précisément
moins on sait, plus on croit que l'horizon
qu'on a devant soi est l'extrême horizon, plus
on est disposé à ne point admettre l'hésitation
et le doute, plus on est porté à résoudre promptement et absolument les questions les plus dé-
licates et les plus hautes devant lesquelles s'arrêtent incertains les esprits les plus élevés.

L'INSTRUCTION PRIMAIRE EST INCAPABLE DE DONNER PAR ELLE-MÊME A CEUX QUI L'ONT REÇUE LA CONNAISSANCE ENTIÈRE DE LEURS DROITS ET DE LEURS DEVOIRS.

Je sais qu'en ce qui concerne l'instruction
primaire, je suis en dissentiment complet avec
bien des personnes qui croient qu'elle est suffisante pour donner aux citoyens l'entière con-

naissance de leurs *droits* et de leurs *devoirs*.
J'ai entendu répéter cela si souvent et par des
hommes considérables sous tous les rapports,
que j'ai hésité et presque chancelé dans ma
conviction. Mais j'ai eu beau vouloir forcer
mon esprit à admettre de pareilles idées, il s'y
est invinciblement refusé. Non, je n'ai jamais
pu concevoir que l'instruction primaire, quelque bien donnée, quelque bien reçue qu'elle
soit, et sans tenir compte des aptitudes diverses
qui font que là comme ailleurs les uns seront
toujours au premier rang, quand d'autres ne
connaîtront que le dernier, je n'ai jamais pu
concevoir qu'elle pût porter dans les esprits
une lumière telle, qu'à sa clarté l'on aperçût
distinctement tout ce qui est à faire et tout ce
qui est à éviter, tout ce qui est à admettre et
tout ce qui est à rejeter. Quand j'ai vu depuis
si longtemps, quand je vois chaque jour encore
les hommes les plus capables, les plus expéri-
mentés, divisés profondément sur les questions
politiques qui ont été quelquefois l'occupation
et l'étude de toute leur vie, je n'ai pu concevoir
comment l'instruction restreinte, qui sera tou-

jours forcément l'instruction du plus grand nombre, permettra aux esprits qui l'ont une fois reçue de voir ce qui échappe aux esprits les plus éclairés. Si l'on disait que ces esprits éminents sont divisés parce qu'ils manquent de bonne foi, parce que leurs intérêts ou leurs passions les dirigent, ne serait-il pas permis de demander si l'on espère trouver dans le grand nombre plus de bonne foi, moins d'attache à ses intérêts et à ses passions[1]?

Je voudrais donc encore une fois, au nom de la vérité, dont tout le monde se prétend l'ami, je voudrais que l'instituteur fût soigneusement instruit à connaître la valeur relative de ce qu'il sait ; je voudrais qu'il apprît à ses élèves que ce qu'il leur enseigne est la science de faire eux-mêmes leurs affaires privées, et qu'il les met seulement à l'entrée de la voie qui pourra

[1] J'aimerais encore autant qu'on dît l'instruction primaire capable de donner à chacun les notions du droit qui règle les rapports et les intérêts des citoyens entre eux, en sorte qu'il ne fût plus besoin, à la suite des études classiques, de ces longues et coûteuses études couronnées par un titre qui suppose une suffisante connaissance du droit.

les conduire aux autres savoirs qu'ils cherche-
ront dans la suite.

Est-ce sans autre motif qu'une vérité plus ou
moins désagréable à dire sans utilité que je
voudrais ceci? Non certes! mais je le veux,
parce que aujourd'hui le mépris, le dégoût,
l'horreur du travail tendent à s'emparer des
esprits qu'ils n'ont déjà que trop envahis. Dans
une société démocratique comme la nôtre, où
tout porte à l'égalité et au nivellement, le travail, qui est la loi de l'homme, est une nécessité à laquelle il devient de plus en plus difficile
d'échapper. Or, qu'arrive-t-il aujourd'hui fréquemment dans chaque village? L'instituteur
auquel des idées justes, des idées modestes de
son savoir n'ont pas été données, auquel même
on en a inspiré de toutes contraires, est tout
naturellement disposé à prendre de sa science
une opinion exagérée ; quand parmi les enfants

auxquels il donne l'instruction, il s'en trouve
quelques-uns, comme cela se voit toujours,
avec une apparence de dispositions plus précoces, plus faciles, plus grandes que les autres,
l'instituteur regrette d'abord que ces enfants ne
puissent assez fréquenter l'école pour y recevoir,
sinon tout ce qu'il sait, au moins une bonne
partie, car ces enfants, selon lui, promettent
d'être des hommes supérieurs. Les parents,
tout heureux, tout fiers de ces brillantes facultés présumées, regrettent eux-mêmes bien plus
amèrement que leurs enfants ne puissent échapper au travail qu'ils subissent, et qui n'est pas
fait pour des êtres à l'esprit si relevé. S'ils se
voient dans l'impossibilité d'étendre l'instruction de ces enfants, ils deviennent, quand cela
n'est pas déjà fait, mal disposés pour une société qui laisse ainsi enfouies et sans culture de
telles intelligences. Plus souvent encore ils font
les plus grands efforts pour leur procurer aussi
complète que possible cette instruction primaire au delà de laquelle ils ne conçoivent
rien ; ils croient, dans leur amour si naturel,
mais si peu éclairé, qu'ils vont ainsi leur don-

ner les moyens d'une existence bien plus facile,
meilleure, brillante même au sein des villes,
où ils les envoient chercher *une place*. Ils aident
ainsi à la dépopulation des campagnes, et si
c'était avec avantage pour ceux qui les quittent,
rien ne serait plus légitime et plus juste. Mais
de cette foule de jeunes gens jetés sur le pavé
des villes, un petit nombre trouve l'occupation
que tous avaient enviée et rêvée; les autres,
avec de faibles salaires, quand ils peuvent les
obtenir, avec des besoins hors de proportion
avec ces salaires, avec des habitudes déplorables qu'ils prennent trop souvent, sont malheureux et deviennent aisément, et par une pente
facile, les appuis, les chefs au besoin de ces
mécontents que le travail aigrit, que l'absence
du bien-être matériel irrite, et qui, détestant
une société qui ne leur permet pas sans peine
la satisfaction de tous leurs appétits, veulent
le renversement et la transformation de cette
société.

J'en appelle à tous ceux dont la vie comme
la mienne se passe à la campagne, au milieu
des populations; qu'ils déclarent si ce que

10

j'avance n'est pas l'exacte vérité, dont ils sont partout témoins!

LA MISSION DE L'INSTITUTEUR PEUT ÊTRE BIEN PLUS GRANDE QUE CELLE QU'ON VEUT LUI FAIRE.

La mission de l'instituteur est considérable aujourd'hui; mais elle peut être bien plus grande. Certainement il est honorable de donner à tous les hommes les premières notions des lettres, notions qui, selon les circonstances, achemineront ceux qui les auront reçues à des connaissances successivement plus étendues. Mais ce qui, selon moi, ferait surtout la grandeur de la mission de l'instituteur, ce serait le côté moral ou plutôt social de cette mission. Nous avons dit que l'éducation de famille n'existait presque plus; heureux si le terrain laissé sans culture était demeuré stérile, et s'il n'avait trop souvent reçu de mauvaises semences! Des habitudes peu dignes d'encouragement sont en train de se prendre; sont-elles arrivées à ce point où les remèdes sont impuissants? Je ne le crois pas; mais le temps presse, qu'on ne le né-

glige pas, qu'on ne le perde pas. Il y va des plus
chers intérêts de la société, dont sont la plus
forte part ceux-là mêmes qu'il s'agit de bien diriger et de protéger contre leur propre entraî-
nement. En bien des cas, tout est à faire, et, ce
qui est plus difficile et pire, à détruire et à refaire ; et si l'instituteur n'est chargé de la besogne, les parents ne la faisant plus, à qui sera-
t-elle attribuée ? Le prêtre n'est pas en contact
quotidien avec les jeunes enfants, il ne les a pas
sans cesse sous les yeux et sous la main comme
l'instituteur ; celui-ci seul d'abord peut donc
essayer, et avec succès, selon ma conviction, si
l'œuvre est bien conduite, la réformation et la
bonne direction des jeunes esprits. Mais pour
cela il faut à l'instituteur lui-même une préparation qu'il n'a point eue, et je ne sais même
si aujourd'hui on la jugerait facilement possible[1] ; sans cette préparation pourtant, il ne
faut pas compter sur le succès. Il ne s'agit plus
de dire avec autorité : Telle chose est à faire,
telle chose est à éviter ; cela réussit momenta-

[1] Voir le *Moniteur* du 5 juillet 1866, page 890.

10.

nément auprès des enfants prompts à accepter
les impressions qu'on leur donne. Mais une fois
hors de l'école pour n'y plus rentrer, on les
voit abandonner les bonnes pratiques qu'on
leur avait recommandées et qu'ils avaient suivies ; et pourquoi en est-il ainsi? C'est que la
raison, une raison claire, frappante, facilement
perceptible des choses ne leur a point été donnée ; incapables de la voir eux-mêmes (sont-ils
les seuls?) quand on ne la leur a pas montrée,
séduits par des raisonnements faux qu'empor-
terait la vérité, s'ils la connaissaient, ils ont
hâte de renoncer à ces pratiques; leur ignorance, leur vanité les leur représentent comme
indignes d'hommes éclairés qu'ils croient être.
Et pourquoi ne le croiraient-ils pas? Ne leur
a-t-on pas répété sur tous les tons et à tous les
degrés qu'ils l'étaient? Ah! oui, ils pourraient
être éclairés en effet! Sans rien retrancher certes
au savoir qu'on leur donne, ils pourraient, au
contraire, y en ajouter un mille fois plus grand,
mille fois préférable, la science vraie, certaine
à leurs propres yeux, de ce qu'ils doivent faire
ou fuir! Et si cette science ne les menait pas à

une perfection qui n'appartient pas à l'homme,
elle les dirigerait en bien des cas et leur inspi-
rerait une conduite louable et durable, parce
que, encore une fois, elle émanerait de leur
propre raison, que la vérité bien présentée aurait ouverte et illuminée. Et si l'on songe que
presque tous les enfants passent par l'école primaire et recevraient ainsi dès leur jeune âge le
baptême de vérité qui leur manque souvent,
qu'on juge des effets que pourrait produire une
telle instruction, qui serait en même temps une
éducation! Ou je me fais une étrange illusion,
ou cette instruction, cette éducation, menées
comme je les conçois, comme je les vois dans
mon esprit, disposeraient singulièrement ceux
qui les auraient reçues aux idées et aux sentiments religieux!

UTOPIE! DIRA-T-ON.

On dira peut-être qu'ici du moins je vois tout
en beau, et que je me plais dans ma propre
pensée; que, semblable à tous les utopistes, que
la présomption et la confiance n'abandonnent

jamais, j'apporte aussi mon remède infaillible ;
qu'on est las, rassasié, dégoûté de tous ces fai-
seurs de projets, pour lesquels rien n'est douteux, et qui se croient appelés à régénérer le
monde devant connaître par eux une prospérité qu'ils peuvent seuls lui donner.

Ce langage s'appliquerait très-bien en effet à
ma prétention sans fondement ; mais si elle en
avait quelqu'un, ce même langage lui serait-il
épargné ? Au fond, de quoi s'agit-il ? Si l'on a
des points de vue différents, si l'on n'est pas
d'accord sur la réalité des faits, on conçoit que
le dissentiment soit complet. Là où l'un dit :
Voici un mal déjà grave, avisez vite pour l'empêcher de grandir et pour tenter de le faire disparaître, si un autre prétend que, bien loin que
le mal existe, la santé déjà robuste tend à le
devenir davantage, il faut convenir qu'entre de
tels hommes l'entente n'est pas possible.

On devra l'avouer pourtant ; si mes idées, si
mes craintes mêmes sur notre état social étaient
partagées, et qu'on prît ensuite des mesures
pour parer au mal signalé, mal qui serait heureusement imaginaire, ce serait tout au plus

une dépense inutile d'un peu de peine et d'un
peu d'argent ; car il n'y a pas là d'aventures à
courir pour le pays, dans lesquelles il risquerait
de voir altérer sa sécurité ou sa prospérité. Si,
au contraire, je n'avais pas mal vu les choses ;
si elles suivaient le cours fâcheux que j'aurais
indiqué, et qu'on ne fit rien pour les entraver
sur la pente dangereuse où elles se précipitent,
cela serait-il aussi sans péril et sans grandes et
terribles conséquences ?

Ce n'est pas une raison sans doute pour qu'on
accueille sans examen ce que j'ai exposé ; c'en
est une peut-être, si mes sentiments arrivent à
être connus, pour qu'on ne se refuse point à
chercher quelle peut en être la valeur et quel
est leur degré de vérité.

Si j'insiste tant sur ce sujet, outre l'intérêt
social, c'est qu'à nous, cultivateurs, mêlés partout et toujours aux populations qui sont nos
auxiliaires, il importe beaucoup d'avoir avec
elles des rapports de politesse, de bienveillance,
de confiance, de loyauté mutuelles ; et quand
tout cela ne peut exister qu'incomplétement,
n'y a-t-il pas un motif, un sérieux motif de sout-

france et de découragement pour l'agriculture?

On a pu croire que j'étais loin de mon sujet; on voit maintenant que je l'avais toujours sérieusement en vue.

LA PLUPART DE NOS ACTES AGRICOLES INDISPENSABLES SONT DES ACTES TOLÉRÉS.

La plupart de nos actes agricoles indispensables sont des actes tolérés, en égard aux lois ou aux arrêtés sous le coup desquels nous sommes placés.

LES ROUTES.

S'agit-il des routes? Leur dégradation est punie. Viens-je dire qu'il faut changer la loi? Non ; je veux seulement montrer quelles en sont ou quelles en peuvent être les conséquences pour nous.

Lorsqu'une route traverse le territoire d'une de nos communes, elle est la voie que nous suivons le plus volontiers en tout cas, et, en quelques autres, celle que nous sommes obligés de prendre pour parvenir à nos champs, séparés de la route par un fossé ou par un fossé et un talus qu'il faut franchir afin d'y arriver.

On a exigé d'abord que chacun de nous fît un pont en face de sa terre; sur de pressantes et longues réclamations, on a permis le comblement du fossé par des matériaux qu'on y transporte et qu'on enlève ensuite. Toutefois, quelque précaution qu'on prenne, il n'est pas possible qu'il ne se fasse, en traversant le fossé, un double écrètement, qui est une dégradation ou peut être considéré comme telle, pour laquelle on serait en droit de demander une peine et une réparation.

Mais il est une dégradation pareille que nous sommes obligés de faire, à moins qu'on ne veuille que les routes soient faites pour n'y point passer : c'est lorsque nous menons paître nos troupeaux dans les champs qui touchent aux routes; ils traversent alors les fossés et gravissent les talus, et font toujours le double écrètement dont nous venons de parler.

Lorsque les routes ne sont pas garnies d'arbres qui leur appartiennent, nous pouvons faire pâturer l'herbe qui y pousse d'autant plus facilement aujourd'hui qu'elles sont en général assez peu fréquentées ; mais lorsque des plantations existent, le pâturage nous est interdit en vertu d'un règlement de l'ancien régime, règlement maintenu en vigueur. Or, quand nos troupeaux doivent suivre ces routes, ils doivent souvent en abandonner le milieu aux voitures et aux chevaux, et se porter où se trouvent les plantations ; quand ils rencontrent de l'herbe, comment empêcher un mouton d'en tondre la largeur de sa langue? Et nous voilà passibles d'une grave peine pécuniaire!—Eh bien, alors, ne menez pas vos troupeaux sur ces routes. — C'est en effet la seule chose que nous aurions à faire, au risque de ne pouvoir aller où nous avons besoin de nous rendre, et nous devrions aussi renoncer au pâturage de nos terres que bordent ces routes, comme nous devrions renoncer au parcage de ces terres.

Je sais bien qu'on se montre rarement rigoureux pour la répression des faits que je viens de signaler ; mais je sais bien aussi les menaces, quand on s'y borne, dont plusieurs d'entre nous ont été l'objet. Et puis, n'est-ce point une triste chose que pour des actes nécessaires et indispensables à notre métier, le plus nécessaire et le plus indispensable des métiers, nous ayons toujours besoin d'une tolérance qui peut être refusée par le caprice, par un sentiment d'animosité contre les réclamations les plus légitimes, par la volonté de faire montre d'autorité? Et quand cette tolérance est retirée, quel est pour nous le moyen d'échapper à la peine ou aux peines qu'on provoque contre nous?

LES CHEMINS DE GRANDE ET DE MOYENNE COMMUNICATION.

Parlerai-je des chemins de grande et de moyenne communication, si fréquents, si commodes, si utiles et si coûteux? Parlerai-je des agents nombreux préposés à leur surveillance et à leur entretien? Là, notre position peut être plus fâcheuse encore, car la plupart de ces agents se voient tout à coup une autorité qu'ils n'avaient connue sous aucun rapport auparavant, en sont tout fiers, ont hâte d'en user, et

sont bien aises de faire sentir, une domination
que le temps et l'habitude mitigent, mais qu'ils
conservent toujours pour l'appliquer quand ils
veulent.

LES ARRÊTÉS PRÉFECTORAUX.

D'un autre côté, est-il beaucoup de matières
concernant notre industrie qui n'aient été ré-
glées par des arrêtés préfectoraux, lesquels sont
des lois pour les départements où ils existent?
A coup sûr, tout est fait avec les meilleures intentions; mais, à coup sûr aussi, nous sommes
enserrés de toutes parts dans des prescriptions
ou des défenses telles qu'il nous est impossible
de les accomplir ou de nous y soumettre. Du
reste, la plupart de ces arrêtés restent sans
application, preuve qu'ils étaient loin d'être
d'une nécessité bien grande; mais ils subsistent
comme une menace qui peut se traduire quelquefois en acte par les mauvaises dispositions
de quelques agents subalternes.

Et à propos de ces arrêtés, qu'on me permette quelques réflexions : ils sont lois pour les

départements qui les ont vus naître ; or, quelle
est la manière de prendre ces arrêtés ? Les pré-
fets reçoivent sans doute des observations, des
plaintes sur un sujet qu'on leur présente comme
donnant lieu à des inconvénients, à des abus
qu'il faut faire cesser ; des raisons plus ou
moins spécieuses sont données à l'appui de
l'opinion qu'on exprime, et selon l'impression
que ces raisons produisent sur l'esprit du préfet,
ou il laisse les choses dans leur état ancien, ou
il les réglemente avec la conviction qu'il a fait
un acte bon, nécessaire même.

DIFFÉRENCE ENTRE LA PRÉPARATION DES ARRÊTÉS PRÉFEC-
TORAUX, QUI SONT DES LOIS LOCALES, ET LA PRÉPARATION
DES LOIS.

Qu'on voie maintenant la différence qui existe
entre le facile et prompt enfantement de ces
lois locales et la préparation de ce qui doit être
une loi ; celle-ci, de quelque minime importance qu'elle soit, est d'abord délibérée en conseil d'État, après avoir été préparée dans un
ministère. Le projet, soumis au Corps législatif,

est renvoyé à une commission qui le discute, puis nomme un rapporteur chargé de donner les raisons qui militent pour sa conversion en loi ou pour son rejet. Arrive enfin, après un certain délai, la discussion publique à laquelle peuvent prendre part tous les députés; et ce n'est qu'après toutes ces épreuves que le projet, s'il est adopté, peut être loi, s'il n'est point annulé par le Sénat comme contraire à la Constitution, ou si le gouvernement ne croit pas devoir lui refuser son approbation.

C'est à l'administration à voir si, dans l'intérêt public comme dans le sien propre, qui est aussi un intérêt public, il ne serait pas bon de faire précéder d'une sorte d'enquête et d'observations provoquées là où l'on peut les rencontrer éclairées sur les choses à régler, les arrêtés généraux qu'elle se proposerait de prendre[1].

---

[1] Il n'est pas rare que des arrêtés préfectoraux soient déclarés sans force par la cour de cassation, comme pris en dehors des droits de l'administration. De pareils arrêtés, appliqués par les juges locaux, ont l'énorme inconvénient d'attirer des peines sur des personnes qui n'en devraient pas subir. Ou si parmi ces juges il en est qui refusent d'appliquer l'arrêté, qu'ils ne trouvent pas légal, ils donnent lieu à des pourvois

CE QUI NOUS SEMBLE UNE IMPERFECTION DANS UNE PARTIE DE LA JUSTICE ADMINISTRATIVE.

Et puisque nous sommes sur un semblable sujet, pourquoi ne signalerions-nous pas ce qui nous semble une imperfection dans une partie de la justice administrative? nous voulons parler de celle qui a trait aux pourvois auprès de l'administration supérieure contre des arrêtés préfectoraux contenant des décisions. Par exemple, un conseil municipal et un agent voyer sont en dissentiment sur la largeur à donner ou à laisser à une rue, sur la nature des terrains bordant une voie publique, s'ils sont un excédant de largeur ou un bien commu-

en cassation d'autant plus facilement faits qu'ils n'exposent leurs auteurs à aucun risque d'aucune sorte; pourvois pouvant avoir pour ceux qui en sont la cause les conséquences les plus fâcheuses et les plus déplorables. Une préparation plus étudiée aurait chance d'empêcher d'éclore des arrêtés de cette sorte, mauvais sous tous les rapports. Je n'ai point parlé des arrêtés municipaux, dont l'application est restreinte à la localité qui les a vus naître, et qui demandent aussi, avant d'être pris, plus de garanties d'une bonne préparation.

nal, etc., etc.; un arrêté décide la question
contre le vœu du conseil : un pourvoi se fait
contre cet arrêté. Quelle est la manière de procéder? Le pourvoi, qui doit suivre la filière
administrative pour arriver au ministère, est
alors renvoyé aux divers degrés de l'administration jusqu'à l'agent voyer, sur l'avis duquel,
approuvé d'abord par l'agent voyer d'arron-
dissement, puis par l'agent voyer en chef, la
décision première a été prise et l'arrêté rendu.
Ainsi les motifs du pourvoi, ou insérés dans la
délibération municipale, ou joints à cette délibération, sont soumis à l'appréciation de tous
ceux qui ont pris part à la solution de la question. Rien de mieux sans doute; mais quelles
réponses font-ils aux raisons du pourvoi? C'est
ce qui n'est point su; en sorte qu'un fait
inexactement rapporté, une assertion erronée,
un argument qu'une simple observation pourrait détruire, gardent une force qu'ils perdraient
aisément s'ils étaient connus et redressés.

D'un autre côté, le juge chargé de prononc-
er en dernier ressort, quand le pourvoi est re-
jeté, ou d'adresser une invitation, un avis au

préfet de rapporter, de changer ou de modifier
l'arrêté contre lequel on s'est pourvu, quand
on trouve qu'il y a lieu de le faire (car le juge
alors ne réforme pas directement), ce juge est
censé être le ministre; mais il n'est guère possible que cela soit, toujours au moins. La décision vient d'un employé supérieur jugeant sur
pièces nécessairement incomplètes, d'un employé habile, impartial à coup sûr, mais seul,
mais manquant forcément d'éléments qui peuvent éclairer entièrement sa justice, s'exerçant
sur des choses souvent de la plus grande conséquence, d'une conséquence irréparable pour
les particuliers et les communes[1].

[1] « On dit que le gouvernement a violé la loi en rendant le
décret du 11 janvier 1861. Que s'est-il passé? Une exception
existait pour Paris en fait de décentralisation administrative.
Le préfet de la Seine devait soumettre un grand nombre d'affaires au ministère de l'intérieur; *mais le ministre ne pouvait
y donner une attention sérieuse; le contrôle n'avait lieu en
réalité que dans les bureaux. Eh bien! j'aime autant, quant
à moi, le contrôle d'un préfet que celui d'un chef de bureau.* »

(Discours de M. Billault au Corps législatif le 19 mars 1861.)

11

DIFFÉRENCE ENTRE LES MANIÈRES DE PROCÉDER DE LA JUS-
TICE ADMINISTRATIVE EN PAREIL CAS ET DE LA JUSTICE
ORDINAIRE.

Qu'on voie la différence entre cette manière
de procéder et celle de la justice ordinaire!
Celle-ci, appelée à juger de nouveau, ne s'in-
forme pas auprès du juge du premier degré s'il
croit avoir bien ou mal ou incomplétement
jugé ; elle voit le jugement seul et ses motifs ;
un nouveau débat *contradictoire* s'engage devant
elle, et elle prononce directement et publique-
ment en infirmant ou en confirmant, d'après
ce qu'elle a entendu.

Dans la procédure de l'administration dont
je viens de parler, il y a, je le répète, quelque
chose qui demande, selon moi, une réforme,
une amélioration. Il appartient au gouvernement, qui a donné à la justice contentieuse des
conseils de préfecture, par la publicité des
débats et de la prononciation des jugements,
toutes les garanties qu'on peut désirer, il appartient à ce gouvernement de chercher et de trou-

ver les moyens de rendre plus contradictoire, plus complète par conséquent la justice que l'administration supérieure est souvent appelée à rendre, en se prononçant sur les actes administratifs que lui défèrent ceux qui croient avoir intérêt à le faire ; car la justice est le premier besoin des peuples, et en parlant d'elle, on a eu raison de s'exprimer ainsi :

Elle tient lieu de tout, et rien ne la remplace.

JE REDOUTE LA PUBLICATION DU CODE RURAL.

Oserai-je le dire? Je redoute la publication du code rural, si ardemment désiré par tant de personnes; j'ai peur qu'en bien des cas il vienne, sans besoin et sans fruit, nous imposer de nouvelles entraves, nous demander des choses tout au moins difficiles, pour ne pas dire impossibles. Certes sa préparation, si longue, si étudiée par un corps si élevé, si éclairé que le conseil d'État, serait faite pour inspirer toute confiance, s'il pouvait y avoir au sein du conseil plus de connaissance des choses

11.

et des pratiques agricoles. Puisqu'on croyait
bon, cédant à des vœux nombreux, je le recon-
nais, de faire un nouveau code rural, j'aurais
souhaité que le projet de ce code fût communi-
qué à toutes les sociétés d'agriculture, invitées
à l'examiner et à présenter leurs observations.
Sans doute les lumières réfléchies dont il est
l'œuvre auraient laissé peu de chose à faire à
ces associations; mais ne fût-il venu que d'une
seule d'entre elles des points de vue, des remar-
ques dignes d'attention, comme en pareil cas
les idées se pèsent et ne se comptent pas, ces
idées auraient été soumises au conseil d'État,
qui les eût appréciées : accueillies par lui, elles
auraient eu chance de rendre le code plus parfait. Si, au contraire, il n'était sorti de cet
appel aux sociétés agricoles rien qui méritât
d'être accepté, aucun moyen du moins n'aurait été omis pour rendre aussi bonne que possible une loi réglant tant de matières usuelles,
une loi dont l'application journalière s'adresse
à un si grand nombre de citoyens et à des intérêts de si grande importance; et si, dans la
suite, l'application avait révélé des imperfec-

tions ou même des lacunes, cela eût pu exciter des regrets, mais jamais de reproches.

CAUSES DE LA DÉPRÉCIATION DU SOL.

Revenons maintenant à la dépréciation du sol, dont nous avons parlé en commençant. Dans tout ce que nous avons dit avec la conviction et la conscience de ne nous être point écarté de la vérité, n'y a-t-il point des causes nombreuses, puissantes, qui ont dû agir pour cette diminution de valeur et l'amener : l'élévation énorme et incessante des charges locales, la difficulté d'avoir du travail dont on ne peut se passer, l'augmentation du prix de ce travail de plus en plus rare pour les causes exposées, l'état moral des populations, etc., etc. ? Si quelques parcelles en détail obtiennent encore des prix moins éloignés des prix anciens que ceux que nous avons marqués, c'est qu'elles sont de peu d'étendue et disputées par des ouvriers rangés et aisés, ou par de petits cultivateurs qui font leur besogne eux-mêmes; les cultiva-

teurs qui ont plus de terre qu'ils ne peuvent en
traiter personnellement achètent peu ou même
n'achètent pas du tout : aussi les portions de
terre un peu considérables se vendent-elles avec
peine, et la valeur en a diminué dans les proportions indiquées.

Quant à la terre achetée pour en tirer un revenu, les motifs précédemment donnés ont aussi
influé sur sa valeur ; mais d'autres causes que
nous allons rapporter ont plus encore peut-être
contribué à la diminution du sol.

Autrefois (je veux dire il y a vingt ou vingt-
cinq ans) on ne connaissait guère que la rente
de la terre et la rente de l'État ; cette dernière,
comme concentrée dans Paris, était à peine connue dans les villes de province ; elle était à un
taux d'acquisition très-élevé et donnait à peu
près un intérêt de 4 pour 100 par an. Le revenu
de la terre, qui a toujours été moindre que
celui des capitaux, parce qu'il est plus solide,
parce qu'il a des accessoires agréables et utiles, la chasse, les plantations, la considération qui s'attache toujours à une fortune évidente, parce qu'il ne se déprécie pas, en ce sens

que si l'extrême abondance de l'or et de l'argent fait qu'avec une même quantité de métal on n'obtient plus généralement une même quantité de denrées, qu'on est moins riche par conséquent à un moment donné avec le même revenu, la terre, au contraire, qui fournit les choses nécessaires à la vie, lesquelles ont une valeur plus grande, peut rendre alors un fermage plus élevé en apparence, mais non en réalité, puisque l'exploitant vend ses productions plus cher; le revenu de la terre, dis-je, était l'objet d'une convoitise ardente, augmentée encore par les droits politiques que pouvait donner la possession de la propriété. Bien qu'il y eût alors, comme toujours, pour le payement de la rente de la terre un retard et une irrégularité qui n'ont pas lieu pour celle de l'État, néanmoins celle-ci cédait aisément le pas à l'autre.

A présent, il n'en est plus de même : la rente sur l'État, répandue partout dans une infinité de mains, se paye à peu près un cinquième moins qu'elle ne se payait autrefois; d'autres valeurs, qui lui font concurrence, donnent un

revenu plus considérable encore que la rente,
avec des perspectives de remboursement, pro-
curant sans risque d'énormes primes à ceux qui
possèdent ces valeurs, dont l'intérêt est touché
régulièrement tous les six mois. Ainsi ce n'est
point assez de cet appât de 5 pour 100 environ
qu'on obtient pour le capital déboursé, intérêt
payé tous les six mois, comme nous venons de
le dire; il s'y joint des chances qui peuvent tous
les ans vous rendre par le sort un capital supérieur des deux tiers à celui dépensé; en sorte
que c'est une véritable loterie, en même temps
qu'un placement à intérêt élevé.

Le Crédit foncier aussi distribue par le sort
quatre fois l'an de nombreuses primes, dont la
plus élevée est de cent cinquante mille francs:
loterie!

La ville de Paris, en contractant ses emprunts, promet à son tour des lots, dont le
plus gros est à chaque tirage, fréquemment
renouvelé, de cent mille francs : loterie!

Sans compter les fréquentes loteries qui mar-
chent à visage découvert et s'appellent de leur
propre nom, éveillant les convoitises et solli-

citant les plus modestes épargnes pour de bonnes œuvres qu'on veut ainsi faire avec des moyens que la fin justifie!

Une chose serait faite pour étonner en présence de tout ce dont nous sommes témoins; ce serait que le prix de la terre n'eût pas diminué. Mais, hélas! cet étonnement nous ne pouvons l'avoir! Et Dieu sait où les choses s'arrêteront, aidées par notre organisation économique actuelle et par cette passion si développée du bien-être et des jouissances matérielles[1]!

Du dédain pour la terre au dédain pour l'agriculture il n'y a qu'un pas, et j'ai bien peur que nous soyons en train de le franchir!

---

[1] Quelques personnes pensent que des idées sur la propriété qui se sont fait jour en 1848 ne sont pas sans influence sur la dépréciation de la terre. Si cela était, on aurait tort, selon moi, de donner à ces idées une importance qu'elles ne peuvent avoir parmi nous, et de leur croire une puissance qui ne leur appartient pas. Sans doute là où la propriété est concentrée dans un petit nombre de mains, des circonstances peuvent se produire dans le cours du temps qui rendent possible une dépossession violente. Mais quand le sol, comme chez nous, est dans les mains d'une immense quantité de citoyens et accessible à tous, si l'on était assez insensé pour vouloir porter atteinte à la propriété, elle aurait à coup sûr et sans grande peine raison de ses ennemis.

Tout notre système économique et financier
a été établi dans un temps où la terre était
presque l'unique source de revenu et de richesse; il était tout simple alors qu'elle fût
appelée à donner directement ou indirectement
à l'État la plupart des ressources dont il avait
besoin, et qu'il ne pouvait tirer d'ailleurs. Mais
aujourd'hui, à côté de la terre, au détriment
de la terre, sont venues d'autres sources de richesse aussi grandes, plus grandes même, plus
brillantes, plus agréables, plus variables et
moins sûres aussi, il faut le dire; or, ces richesses nouvelles, à peine effleurées par l'impôt, ont laissé à la terre toutes les charges et de
plus lourdes que celles qu'elle portait d'abord.
En présence d'un pareil changement, n'y en aurait-il point un à faire dans la manière de procurer à l'État les revenus qui lui sont nécessaires,
afin de remplir la mission sociale pour laquelle
il est institué? Ne faudrait-il point élargir la

base du revenu public, rendre par suite moins
chargée la base ancienne qui porte avec peine
presque tout le poids des impôts, et faire ainsi
prendre à la richesse mobilière évidente sa légitime part dans les nécessités publiques?

Si l'on disait que c'est toujours une chose
délicate et difficile de changer l'assiette de l'impôt, je n'en disconviendrais pas; mais je pourrais invoquer la justice, je pourrais ajouter:
Lorsque la révolution de 1789 eut détruit l'ordre social ancien pour lui en substituer un nouveau, il fallut à ce nouvel ordre de choses des
lois nouvelles qui lui furent données; or, aujourd'hui, dans l'ordre économique, une révolution ne s'est-elle point faite? Cette révolution
n'appelle-t-elle pas de nouvelles mesures qui,
au lieu de laisser une nature de richesses immenses à peu près hors de la règle commune
par une sorte de privilége que rien ne justifie,
l'y soumettent au contraire, et confondent autant que possible sous un même niveau équi-
table toutes les richesses apparentes du pays?
C'est à ceux à qui incombe le devoir de régir la
société à l'examiner et à le décider.

Je m'arrète enfin, et je termine en m'adres-
sant aux cultivateurs en général. La bonne
volonté et le zèle m'inspirent le langage que je
prends la liberté de leur tenir dans les circonstances actuelles : que n'ai-je une voix puissante
capable de le faire entendre partout!

Je sais le découragement d'un assez grand
nombre d'entre vous, prêts à quitter le métier
qui fut celui de leurs pères et le leur. La difficulté, l'impossibilité parfois de trouver des bras
nécessaires à des travaux urgents, les désagré-
ments trop répétés dans leurs rapports avec
leurs auxiliaires ont jeté dans leurs âmes un
dégoût pour la culture dont ils ont peine à se
défaire. Mais, je le leur demande, cessant d'être
cultivateurs, que feront-ils? que feront leurs
enfants? Eux-mêmes pourront regarder comme
une retraite l'abandon de leurs occupations ;
mais leurs enfants? Mèneront-ils une vie oisive,
la plus monotone, la plus pénible, la plus sca-
breuse, la pire des vies? Ou bien se mettront-
ils dans les charges publiques? Se feront-ils
avoués, notaires, etc.? Tout cela est fort bien
sans doute ; mais ces carrières déjà encombrées

deviendront pour eux, par leur nombre, à peu
près inabordables, eussent-ils tout ce qu'il faut
d'ailleurs pour y pénétrer. Et puis, là tout est-il
rose sans épine ? N'y est-on pas souvent obligé
à des ménagements, tout au moins à des égards
immérités commandés par la position, par l'intérêt, mais que refuseraient le caractère s'il était
libre, la dignité si elle pouvait se montrer sans
contrainte ?

Ou bien encore entreront-ils dans les fonctions publiques ? C'est un sérieux et véritable
honneur d'être magistrat, dominé par la loi,
guidé par l'équité, d'administrer avec loyauté,
d'être comptable scrupuleux des deniers publics, etc. ; mais là encore combien de compé-
titions déjà qui, pour un introduit, en laissent
vingt dehors, ou mécontents, ou redoublant
d'assiduité, d'obsession, de soumission pour
obtenir qu'enfin la porte s'ouvre pour eux !
Iront-ils augmenter la foule qui se presse autour de ces fonctions sans pouvoir y atteindre ?
Et croient-ils, s'ils étaient arrivés, que tout serait satisfaction sans mélange ?

Se feront-ils marchands, industriels, négociants? Ces métiers, ces professions qui leur plaisent, surtout parce qu'ils ne les exercent pas, n'ont-ils pas aussi leurs inconvénients, leurs dangers? Pour quelques-uns qui surnagent et étalent une brillante fortune, attirant les regards, inspirant le désir de la poursuivre et l'espoir d'y toucher, combien sont restés perdus en route! Combien, et ce ne sont pas les plus malheureux, demeurent attachés à leur métier, qui ne les a pas fait sortir de la médiocrité où ils étaient quand ils l'ont entrepris!

Ceux-là mêmes qui sont comme un appât qui séduit, tout habiles, tout heureux qu'ils ont été (car il y a toujours en toute chose du bonheur et du malheur), n'élèvent-ils pas souvent avec leur fortune ce qui peut la réduire, la perdre même, sinon pour eux, du moins dans leur descendance la plus proche? Ne montrent-ils pas un luxe grandissant avec leur richesse? Et s'ils la maintiennent par quelques-uns des moyens qui l'ont accumulée, que de fois leurs enfants, héritiers de leur opulence sans l'être de leur habileté et de leur conduite, la jettent à tous

les vents de la vanité, de l'oisiveté, de la dissi-
pation, de la mollesse et des plaisirs !

Votre métier ne vous mène pas sans doute à
des fortunes rapides et brillantes ; mais la mo-
dération de vos goûts, quand vous savez la garder, la persistance dans le travail qui maintient
l'économie, élèvent graduellement et sûrement
votre richesse : c'est ainsi qu'on a vu de vieilles
familles de cultivateurs, pendant une longue
série de siècles, se perpétuer au même lieu sans
déchoir, en grandissant au contraire, quoique
avec des enfants nombreux et des partages
égaux. Et c'est ainsi que vous-mêmes, tous,
vous laisserez à vos descendants, s'ils sont
élevés avec des goûts modestes, avec l'habitude du travail et de l'économie, des chances
d'une position durable qui ne se trouvent pas
hors de ces goûts et de ces habitudes.

Dans votre position, du reste, la dignité du
caractère est facile à garder, et c'est une chose
de grand prix et de grande considération. Vous
pouvez avoir sans peine une indépendance honnête, loyale, calme et vraie, qui sait avoir de la
condescendance au besoin, condescendance qui

ne l'altère pas, mais qui sait, au besoin aussi,
se manifester résolùment ; une indépendance,
en un mot, qui honore et qui sert : qui honore
celui qui l'a, qui sert celui envers lequel elle
s'exerce.

Vous avez une action marquée, légitime,
bienfaisante sur tout ce qui vous environne.
Vous êtes nombreux et présents partout ; il
n'est point de localité, quelque petite qu'elle
soit, où l'un d'entre vous ne se trouve placé.
Vous avez tous les mêmes intérêts de toute
sorte ; vous êtes en possession d'une grande
partie de la richesse du pays, et l'on trouve en
vous des lumières, fruit d'une instruction élevée, et de généreuses aspirations. Descendant
la plupart de cette race de vieux cultivateurs
dont j'ai rappelé les mœurs patriarcales, la
vie laborieuse, austère, les sentiments religieux,
vous avez gardé quelque chose de votre ancienne origine. Sans cesse en rapport, en contact avec les populations au milieu desquelles
vous vivez, avec lesquelles vous vous trouvez
mêlés, il n'est pas possible que vous soyez sans
influence sur elles ; cette influence, vous l'avez

en effet par la force des choses; et s'il était besoin d'en fournir la preuve, je la trouverais
sans peine au sein des villes, des grandes villes
surtout, où existe aussi une nombreuse population ouvrière, mais dans un milieu bien autre
que celui des populations rurales. Dans les
villes, la société est comme parquée en deux
camps, non point ennemis, à Dieu ne plaise!
mais où chacun reste comme enfermé, sans
rapport presque, à plus forte raison sans mélange avec le camp voisin. Il ne se fait entre
eux aucun échange d'idées, d'opinions, de sentiments qui les éclaire, les concilie et les rap-
proche, aucune communication qui établisse
cette bienveillance réciproque, laquelle est le
lien et comme la garantie de la société. Aussi,
que voit-on souvent dans les occasions où les
citoyens peuvent montrer les dispositions qui
les animent? C'est que là chaque camp reste
séparé et manifeste un antagonisme renouvelé
toutes les fois que les circonstances le permettent. Et si la vie de la campagne, ses occupations, ses besoins n'en confondaient en quelque
sorte toute la population, on y aurait en gé-

néral le même spectacle que dans les villes.

Cette influence que vous exercez comme par tradition vous restera-t-elle? Oui, si vous le voulez, si vous voulez faire ce qui doit vous la conserver.

On l'attaquera, on tentera de l'ébranler, de la détruire; on la montrera comme une sorte de domination dont il faut se délivrer, comme si, en parlant ainsi, on ne voulait pas attirer à soi cette influence, sans autre titre que de faciles promesses intéressées, influence qui ne ferait que changer de personnes et de but. Car il ne faut pas le perdre de vue, cette influence, vous en usez au profit de l'ordre, de la sécurité, de la stabilité, ces premiers des biens qui en appellent d'autres non moins précieux ; tout cela sera-t-il encore le but de ceux qui veulent se substituer à vous? Ce ne serait vraiment pas la peine de prendre d'autres guides pour être dirigés dans la même voie sans vouloir en sortir! Quoi qu'il en soit, vous avez à lutter déjà, vous aurez à lutter davantage encore contre les prétentions qui veulent ou vous entraîner vous-mêmes ou détruire l'action naturelle et légitime que vous exercez autour de vous. Mais quelles seront vos armes pour cela? Celles dont vous vous êtes déjà servis, mais mieux soignées, mieux préparées, mieux entretenues.

Livrés à vos anciennes habitudes, ayant peu songé jusqu'ici peut-être à la mission sociale qui est devenue la vôtre, vous croyiez qu'il suffisait de vous voir vous-mêmes sans tenir en même temps grand compte des autres. Il ne vous en coûtera pas beaucoup, il ne vous en coûtera même rien de vous montrer plus attentifs en ce qui concerne vos intérêts et ceux de vos coopérateurs. Une stricte probité devra toujours régler ces intérêts; vous serez justes surtout, car la justice est la plus grande des forces et le premier des biens, et si quelque doute, quelque incertitude existe sur vos droits, vous les résoudrez contre vous. Observateurs exacts des engagements contractés, ne vous en écartant jamais, les exécutant toujours avec loyauté, avec générosité même, vous exciterez par là à tenir ceux qu'on aura pris envers vous, et vous serez mieux fondés à en exiger au besoin le maintien. Donnant l'exemple des égards

12.

pour vos coopérateurs, comme hommes, ces égards vous les obtiendrez plus aisément pour vous-mêmes. Quant à la bienfaisance, elle est dans vos habitudes, et vous n'avez qu'à continuer d'être ce que vous avez été. Les besoins de l'indigent ne se sont jamais montrés sans soulagement, sans satisfaction de votre part; ils seront dans l'avenir, comme ils l'ont été dans le passé, l'objet de votre attention consolatrice, de votre assistance généreuse.

Ou je me trompe fort, ou de telles façons d'agir, constamment observées, ne seront point stériles et vous maintiendront cette confiance, cette condescendance dont vous userez pour l'avantage général de la société.

Mais ce n'est point assez : si vous voulez avoir sur les destinées du pays une action que nulle autre classe de citoyens ne peut mieux exercer que vous, parce que nulle autre n'est comme vous confondue avec la masse de la nation et ne peut mieux la connaître, mieux vouloir et faire par conséquent tout ce qui est convenable à ses besoins et à ses intérêts légitimes, si, dis-je, vous voulez avoir cette action plus né-

cessaire aujourd'hui que jamais, vous ne l'aurez que par une supériorité d'intelligence due
à une sérieuse et solide instruction. Gardez-
vous, autant que vous le pourrez, de ces connaissances faciles, superficielles, mises de plus
en plus au service et à la portée de ceux
qui veulent y avoir recours. Croyez fermement, et votre foi ne sera pas vaine, qu'il
n'y a rien capable d'agrandir vos esprits, d'élever vos cœurs et vos âmes comme l'étude des
belles-lettres, étude longue et coûteuse, mais
pour le temps et la dépense de laquelle vous
trouverez une large compensation dans cette
grandeur intellectuelle et morale qu'elle prépare, grandeur toute personnelle que rien ne
peut abaisser ni détruire. Vous ne devez donc
rien négliger de ce côté et être bien convaincus
que la sécurité, que la prospérité de l'avenir,
que par conséquent votre sécurité, votre prospérité sont liées à la position que vous saurez
prendre et garder dans l'organisation sociale
actuelle. Celle-ci, par la force des choses, tend
à développer les aspirations matérielles, à leur
donner la prééminence sur les aspirations mo-

rales, et quelque effort qu'on fasse pour unir
ces aspirations et les porter en même temps
chacune vers leur but, les faits dont nous sommes tous témoins attestent l'insuccès actuel de
cette volonté, de ces efforts, et le pas pris par
les premières sur les autres.

La raison dit, l'histoire montre que partout
où les idées matérielles ont prévalu sur les idées
morales, les sociétés ont marché vers la déca-
dence et la dégradation : c'est cet effet qu'aujourd'hui nous devons chercher à conjurer, à
éloigner, car il s'opère parmi nous une transformation sociale, dont peut-être nous n'entre-
voyons pas assez, dont nous ne redoutons pas
assez les résultats. Pour la bien diriger et pour
essayer de la faire convenablement aboutir, il
faut qu'elle soit observée et connue : comment
lui faire prendre un cours heureux, si on l'a-
bandonne complétement à elle-même, si on ne
prévoit les routes qu'elle peut suivre?

Il y avait autrefois parmi nous un courant de
liberté imprudemment précipité, lequel a disparu, laissant de loin en loin quelques traces
fécondes.

Il y a aujourd'hui un courant d'égalité qui
s'exagère sans cesse. L'égalité des hommes
entre eux doit être comme celle des âmes devant Dieu. Les âmes, égales et libres sous une
même loi morale, valent et s'élèvent pour Dieu
en proportion de leurs mérites ; les hommes,
égaux et libres sous une même loi civile, doivent aussi mériter et s'élever entre eux en proportion de ce qu'ils valent et de ce qu'ils
peuvent.

L'égalité exagérée ne pouvant s'établir en
élevant tout ce qui est humble et bas au niveau
de ce qui l'est moins, mais en voulant abaisser
tout ce qui est grand au niveau de ce qui ne
l'est pas, une telle égalité dégrade, avilit la société et tend à faire de ses membres des êtres
misérables, sans conscience, sans intelligence,
sans force et sans droits. C'est sur cette pente
fatale d'un nivellement funeste qu'il faut empêcher la société de se porter ou l'y retenir si elle
s'y trouve engagée. La besogne est rude, je le
sais ; mais elle n'est pas au-dessus d'efforts bien
concertés, bien dirigés, car il s'agit après tout
de faire prévaloir la dignité humaine et les plus

grands intérêts, les intérêts les plus généraux du pays.

Heureux les peuples chez lesquels les changements sociaux se font lentement, graduellement, sans secousse, sans passions aveugles, sans violence, sans révolution en un mot! Leurs mœurs n'éprouvent pas de ces subites atteintes qui les froissent d'abord, les ébranlent ensuite, quand les révolutions se répètent, révolutions dont la fréquence finit par les détruire.

Quand une fois l'ère des révolutions s'est ouverte, si elles se renouvellent, c'est rarement pour le maintien des lois. Les révolutions même qui se font ainsi ne sont pas sans de graves inconvénients ayant, il est vrai, de sérieuses et nobles compensations; mais c'est presque toujours contre les lois, c'est en les violant qu'elles ont lieu : elles obscurcissent alors l'idée du droit et offrent aux esprits étonnés et incertains l'image de son impuissance et de sa caducité. D'un autre côté, ce n'est pas par des satisfactions morales seules que les triomphateurs récompensent et flattent leurs partisans, mais

bien par des avantages matériels ou directs ou
en perspective. Les caractères s'usent et s'abais-
sent dans les révolutions. Si les hommes que
la société voyait à sa tête pour la conduire,
pour la diriger sous un gouvernement tombé,
savaient rester à l'écart par respect pour eux-
mêmes, par dignité, par patriotisme, par atta-
chement même pour ce qui n'est plus, ils donneraient un glorieux et utile exemple qui les
mettrait au sommet de l'estime publique, juste
récompense d'une conduite noble et désintéres-
sée ; et ce respect que le pays leur témoignerait
serait la marque des sentiments honnêtes et
élevés qui demeureraient intacts au sein des
populations.

Mais ces hommes sont rares ; et quand les
peuples sont témoins de cette inconsistance, de
cette variété, de cette contradiction de con-
duites trop communes ; quand ils peuvent croire
que ce n'est pas l'intérêt public qui les inspire,
et auquel elles se conforment ; quand ils voient
trop souvent les mêmes hommes, serviteurs suc-
cessifs des idées les plus contraires, des prin-
cipes les plus opposés, reniant soudain par

ambition, par vanité, par bassesse (par fai-
blesse peut-être), leurs idées de la veille, leurs
sentiments hautement manifestés, pour prendre
avec exagération, avec intolérance ceux adap-
tés aux circonstances et qui leur donnent des
titres, des honneurs, des profits, comment leurs
propres idées, leurs propres sentiments ne se-
raient-ils point frappés, ébranlés, détruits par
un pareil spectacle souvent donné?

Voilà l'effet malheureux, inévitable des fréquentes révolutions! Voilà ce qui fait que les
plus légitimes ne sont pas sans inconvénients,
que les autres répétées sont pleines de dangers!
Voilà pourquoi tout de notre part doit conspi-
rer pour éviter, pour fuir toute révolution nouvelle!

Ce n'est pas certes que les révolutions n'aient
point dégagé et amené des choses bonnes, grandes, heureuses, justes, que nous devons vouloir
maintenir avec prudence ; mais prétendre que
tous leurs résultats ont été favorables, qu'aucun alliage regrettable ne s'y est mêlé, qu'elles
se sont arrêtées dans le bien au point extrême
où commençait le mal, ce serait donner un

aveugle démenti à la réalité : ne craignons pas de la reconnaître ! Et sans exagérer dans nos esprits ce qui peut exister de mauvais, sachons le voir et le voir sans cesse pour y remédier autant que possible.

Nous-mêmes, avons-nous toujours échappé aux influences qui n'étaient pas bonnes? N'avons-nous rien admis que nous devions rejeter? Si cela était, nous serions les moins excusables des hommes en gardant ce que nos lumières, notre raison, notre intérêt, d'accord avec l'intérêt public, nous conseilleraient de répudier. Mais, quoi qu'il en soit, je crois fermement l'état des esprits, les dispositions générales des populations tels que je les ai exposés : affaiblissement marqué du sentiment religieux, prédominance des aspirations matérielles sur les aspirations morales, penchant à une égalité qui tendrait à un nivellement injuste, odieux, déplorable; et tout cela est la conséquence inévitable des phases diverses traversées depuis trois quarts de siècle. C'est donc avec de telles idées, avec de tels sentiments que nous avons affaire; c'est sur des hommes ainsi animés, ainsi inspirés que doit s'exercer notre action directrice.

Je l'ai déjà dit, et je ne puis trop le répéter : si nous voulons le succès pour nos efforts, il faut la supériorité acquise de l'intelligence, il faut des rapports où se trouvent la bienveillance, la loyauté, la générosité, la justice; mais il faut d'abord une chose sans laquelle toutes les autres seraient de peu de conséquence : je veux dire l'union, gage de force et de puissance. Si, divisés par de mesquines, par d'envieuses rivalités, nous agissons sans ensemble et restons isolés, comme nous ne l'avons que trop fait, nous continuerons d'être comme des dards séparés que l'on brise sans peine, mais qui, rassemblés en faisceau, deviendraient infrangibles.

Soyons unis! et nous aurons une puissance qui ne sera mauvaise ni redoutable pour personne, car elle sera la puissance d'une nombreuse partie du pays, aisée sinon riche, éclairée, partout répandue, voulant une liberté modérée et cette égalité devant la loi, la même pour tous, laissant à chacun le libre développement de toutes ses facultés avec les avantages qu'elles peuvent amener, voulant l'ordre et la sécurité, voulant de la sorte les biens qui satisfont à toutes les aspirations légitimes.

Si nous savons ainsi prendre la mission à laquelle notre position générale nous appelle et nous rend capables de bien coopérer, nous pourrons espérer le maintien de l'influence que nous avons eue jusqu'ici; et si nous n'arrivions point avec le temps à changer les dispositions actuelles des esprits, les empêchant au moins d'empirer, nous aurions déjà rendu un signalé service à la chose publique. La grandeur du but a de quoi provoquer nos efforts; le besoin d'en approcher, sinon d'y atteindre, doit nous les imposer.

Imprimé en France
FROC031234211120
25767FR00012B/192

9 782329 494593